ちくまQブックス

さい
食べもの

なぜ食べられないような食べものがあるのか?

小泉武夫

筑摩書房

本文イラスト
米村知倫

本書は東京堂出版より2015年に刊行された
『くさい食べもの大全』から一部を抜粋し、
再編集したものです。

世界一くさい食べもの
——なぜ食べられない
ような食べものが
あるのか？

目次

目次

第4章 大豆製品

第5章 野菜類

はじめに

これから読者諸君には、くさい食べものの、奥深《おくぶか》ーい世界を経験していただこう。くさいといっても、そのレベルはさまざまだ。ねばーっと糸を引く納豆や、まるで屁《へ》のにおいみたいなタクアン漬《づ》けなんてほんの序の口。世界には、もはや食べもののにおいとは思えない魚の缶詰《かんづめ》「シュール・ストレミング」をはじめ、強烈《きょうれつ》な食べものが数多く存在する。

そんなにくさいなんて、食べたら危ないんじゃないの？　そう思う読者もおられるだろう。実際、人間は、においで危険を察知する。腐《くさ》った食べものを食べたら健康を害してしまうから、腐っているか否かを判別できる能力がわれわれには備わっているのだ。

では、くさい食べものと、腐った食べものの違《ちが》いは何だろうか？　それは実はすでに読者諸君が本能的に知っているのだ。以前小学校で、腐った鯖《さば》と、シュール・ストレミングのにおいを嗅《か》いでもらい、どちらかを必ず食べなければいけないとしたらどちらを選ぶか、という実験をしたことがあった。すると、全員、あんなに強烈なのに、発酵食品のシュール・ストレミングの方を選んだのである。腐った鯖のにおいは危険信号なんだと、みんなの鼻が察知したのだろう。

シュール・ストレミングのにおいは強烈だが、それは腐ったにおいではなく、発酵《はっこう》したにおいなのである。腐るのと発酵するのとどう違うのか？　それはどちらも微生《びせい》物《ぶつ》が働きかけて起こることなのだけれど、腐るのは腐敗菌《ふはいきん》などの悪玉微生物が働いた結果、発酵は乳酸菌などの善玉微生物が働いた結果なのだ。

わかりやすい例でお話ししよう。牛乳をコップに注いで外に出しておくと、1日くらいで悪臭《あくしゅう》がしはじめる。これは空気中の腐敗菌が牛乳に侵入《しんにゅう》して、牛乳を腐らせたから。こうなると腐敗菌が作り出した毒素でいっぱいになっているので、飲んだら食中毒を起こし、下痢《げり》をしたり吐《は》いたり、危険なことになる。腐った食べもの・飲みものは決して口に入れてはいけない。一方、同じ菌でも善玉菌である乳酸菌が牛乳に入れば、おいしいヨーグルトやチーズに変身する。こちらはおいしいばかりではなく、牛乳より栄養価も高くなり、そして驚《おどろ》くことに牛乳より腐りにくくなる。独特のにおいは発生するけれど、腐るのとはまるで違うのだ。

なぜくさい食べものが世の中にたくさんあるのか？　するどい人はここまで読んだだけでその理由を推測できたのではないだろうか？　それではその推測が正しいかどうか、これから猛烈《もうれつ》にくさくて、奥深くて、おいしい、くさい食べものの世界を旅して、確かめていくことにしよう！

第1章

魚類

シュール・ストレミング

くさい度数★★★★★以上

地球上で最も強烈《きょうれつ》なにおいをもった食べものは何か？　そう聞かれたら、私は迷いなく「シュール・ストレミング」と即答《そくとう》する。そのにおいはもはや強烈を超《こ》え、悶絶《もんぜつ》するほどのとてつもない超激《ちょうげき》烈《れつ》な臭気《しゅうき》だ。

シュール・ストレミングは、スウェーデン特産のニシンの発酵缶詰《はっこうかんづめ》である。ニシンを開いて塩を少量加え、乳酸菌《にゅうさんきん》を主体とした微生物《びせいぶつ》で発酵させるのだが、最初は大きな容器で発酵を促《うなが》し、発酵が盛んになったところで缶に詰《つ》めて密封《みっぷう》し、空気を遮断《しゃだん》する。つまり、缶詰にするのである。

◆地獄の缶詰

ふつう缶詰というのは、缶に詰めた直後に加熱殺菌する。これにより、缶の中の微生物が死滅《しめつ》し、長期保存できるようになるのだが、シュール・ストレミングは缶詰にしたあと加熱殺菌しない。つまり、発酵菌を生かしたまま缶詰の中に密封するのである。そのため、シュール・ストレミングは缶に詰めて密封したあとも発酵が続く。すると、発酵を起こす微生物は空気のほとんどない状況《じょうきょう》で異常代謝を起こし、強烈なにおいを放つ代謝生産物をどんどん生み出していく。プロピオン酸や吉草酸《きっそうさん》、酪酸《らくさん》、カプロン酸はその代表だ。加えて、魚が分解されて生じたアンモニア、揮発性アミン、硫化《りゅうか》水素、メルカプタン類などの成分が混じり合って、驚異《きょうい》の大臭気が誕生するのである。スウェーデンでは「地獄《じごく》の缶詰」との異名もあるらしい。

そんな話を聞いて、私の食指が動かないわけない。地獄のような大臭気といっても、スウェーデンでは食品として一般《いっぱん》に市販《しはん》されているものである。少なくとも命を落とすことはないだろう。しかも、そんなにくさくても食べる人がいるということは、よほどうまいに違《ちが》いない。

私が初めてシュール・ストレミングを口にしたのは、スウェーデンのホテルの一室でだった。当地産の蒸留酒（ウオッカのような酒）の肴《さかな》にすべく、デパートの食料品売り場で1缶購入し、宿泊先のホテルへもち帰ったのである。

◆爆発寸前?!

シュール・ストレミングが只者《ただもの》でないことは、缶を見ただけでもすぐわかった。日本の缶詰の3倍くらいの大きさの缶が、その内容物の異常発酵を物語るようにパンパカパンに膨《ふく》れ上がっていたのだ。これは発酵によって生じた炭酸ガスの圧力が、金属の缶を内部から押《お》し上げているからで、いつ爆発《ばくはつ》してもおかしくない緊迫感《きんぱくかん》を醸《かも》しだしていた。

実際にスウェーデンでは、製造中や輸送中に相当数の缶詰が爆発していると聞く。シュール・ストレミングが魚の缶詰の中でも高価なのは、破裂《はれつ》で生じる損益が大きいので、それが値段に上乗せされているというまことしやかなウワサもある。

ともかく、百聞は一食に如《し》かずである。ホテルの部屋で、まず酒を開けて喉《のど》をうるおし、そのあと期待に胸をふくらませながらパンパカパンに膨満《ぼうまん》しているシュール・ストレミングの缶に、缶切りの刃先《はさき》をぐいっとくいこませた。

その途端《とたん》、まさに地獄絵図のような事態に陥《おちい》ったのである。シューッという炭酸ガスの噴《ふ》き上げ音と共に、魚の発酵したドロドロネバネバ状のものが勢いよく噴き出してきた。うわっと思ったときはすでに遅《おそ》しで、私の手や胸、首のあたりは噴き出してきた発酵物のドロドロネバネバにまみれていたのである。いやはや、そのくささといったら、想像を絶するものだった。もはや食べもののにおいではない。腐敗《ふはい》したタマネギに、くさやの漬《つ》け汁《じる》を加え、それにブルーチーズとフナ鮓《ずし》、古くなったダイコンの糠漬《ぬかづ》け、さらには道端《みちばた》に落ちて靴《くつ》で踏《ふ》まれたギンナンを混ぜ合わせたような空前絶後の凄絶《せいぜつ》なにおいであった。このとき、私は呼吸困難と吐《は》き気で、命の危険を感じたほどである。

あわててガスを噴いている缶の穴を親指で押さえ、そのままバスルームへ走ってトイレの便器の中に缶詰を放り込《こ》んで蓋《ふた》をし、ガスがすべて抜《ぬ》けるのを待つことにした。

◆ベトベトに溶けた魚

においはすでに部屋中に充満《じゅうまん》していた。窓をすべて開け放ち、衣服も脱《ぬ》いでビニール袋《ぶくろ》に入れて密封し、ブリーフ一丁になって手や顔についた発酵汁を洗い落としたが、においはとれない。シャワーを浴びようにも、便器の中の缶詰をまず何とかしなければならぬ。息も絶え絶えの状態で、トイレの外蓋に耳をおしつけて中の音を聞いてみる。何の音もしないので、どうやらガスは全部噴き出したようだ。おそるおそる外蓋を開けてみる。すると、シュール・ストレミングのドロドロの内容物が便器の中にタポタポに溜《た》まっていた。缶詰の中にはまだ半分くらい内容物が入っている。それを便器から引きあげ、ビニール袋へ入れて捨てることにした。

ところが、ふと、ここで生来の好奇心《こうきしん》にスイッチが入ってしまった。こんなに大騒《おおさわ》ぎして缶を開けたのだ。せめてひとくちだけでも味わってみないと気が収まらないではないか。もしかすると、極上のうまさを味わえるかもしれないぞ。缶の中を遠目に覗《のぞ》き込んでみると、発酵してベトベトに溶《と》けた魚が入っていた。色はやや赤みを帯びた灰白色をしている。その発酵汁をほんの少しなめてみた。するとどうだろう。それは酸味と塩味に魚のうまみが加わった濃厚《のうこう》な味で、炭酸ガスのせいで舌先がピリピリした。いうなれば、塩辛《しおから》を炭酸水で割ったような奇妙《きみょう》な味だったので拍子《ひょうし》抜けしてしまった。においの凄《すさ》まじさにくらべたら、味はそれほど仰天《ぎょうてん》するほどのものではない。大騒ぎして食べるほどの代物《しろもの》ではなかったのだ。その夜は一晩中、悪臭《あくしゅう》に嗚咽《おえつ》を覚えながら、気分も沈《しず》み、目覚めの悪い朝を迎《むか》

シュール・ストレミングを開ける時の注意

1 決して家の中では開けない

2 雨合羽などで全身をおおう

3 缶詰を冷凍庫でおちつかせる

4 風下に人がいないことを確認する

えたのだった。

◆4つの注意事項

しかし、そんな目に遭《あ》ったのは自業自得だとあとから気づいた。シュール・ストレミングを開缶するときは、4つの注意事項《じこう》を守らなければならないことを知人から教えてもらったのだ。

1つめは、決して家の中で開けないこと。

2つめは、開缶する前には必ず不用な衣類か雨合羽《あまがっぱ》などを全身にまとって開けること。

3つめには、開缶前の缶詰は必ず冷凍庫《れいとうこ》でよく冷やし、ガス圧を下げてから開けること。

そして4つめに、風下に人がいないことを確認すること、だという。

4つめの注意事項はスウェーデン流のジョークのようだが、少なくとも私は1から3までの鉄則を守っていなかった。だから、あのような大惨事《だいさんじ》が起こっても仕方なかったのだ。

シュール・ストレミングが世界一くさい食品であることは、数字でも確認できている。においの強さを調べる機器（アラバスター）で測定したところ、納豆363Au（アラバスター単位）（72ページ）、フナ鮓486Au（40ページ）、焼きたてのくさや1267Au（30

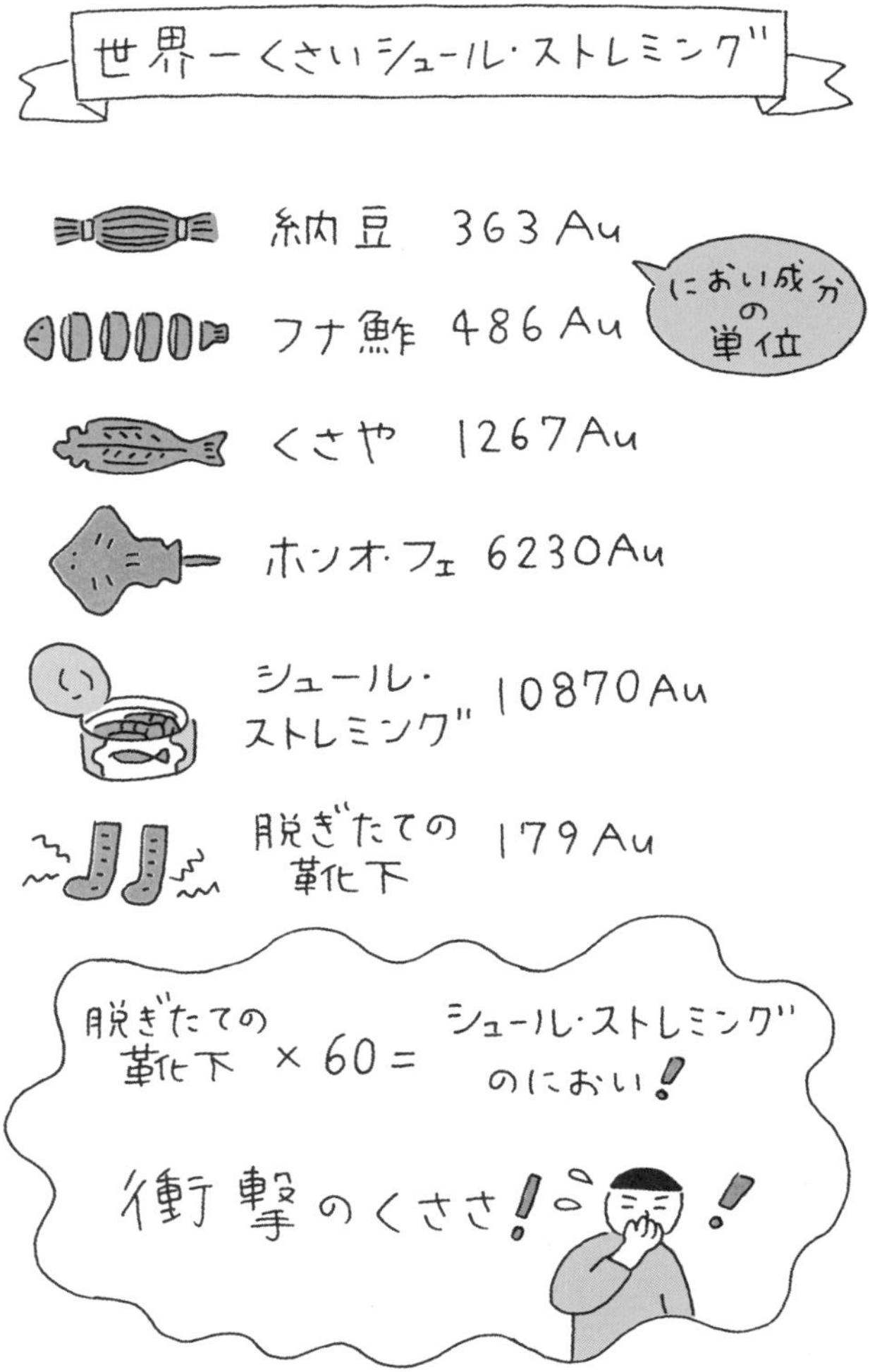
世界一くさいシュール・ストレミング
納豆 363Au
フナ鮓 486Au
におい成分の単位
くさや 1267Au
ホンオ・フェ 6230Au
シュール・ストレミング 10870Au
脱ぎたての靴下 179Au
脱ぎたての靴下×60＝シュール・ストレミングのにおい!
衝撃のくささ!

ページ)、ホンオ・フェ6230Au(21ページ)に対し、シュール・ストレミングは断然トップの10870Auであった。ちなみに、私の脱ぎたての靴下は179Auだから、その60倍に相当するシュール・ストレミングのにおいがいかに凄絶なものかわかるだろう。

◆価値ある保存食

スウェーデンの人たちは、シュール・ストレミングをパンに挟《はさ》んだり野菜で包んで食べているが、すべてのスウェーデン人がこの発酵食品を好んで食べているわけではないようだ。日本のフナ鮓やくさやと同じように敬遠する人のほうが多く、一部の愛好者の間で珍《ちん》重《ちょう》されているらしい。スウェーデンは世界有数の魚食大国であり、ニシンの最大水揚《みずあ》げ地であることから、シュール・ストレミングはその加工技術の結晶《けっしょう》といえよう。

発酵食品のシュール・ストレミングは、栄養的にも非常にすぐれている。貴重なたんぱく源であると同時に、他のニシンの酢漬《すづ》けなどに比べてビタミンが圧倒的《あっとうてき》に多く、ミネラル、とりわけカルシウムが豊富に含《ふく》まれている。さらに消化吸収がよいのも特徴《とくちょう》で、魚をこのように発酵させて、滋養成分を高め、価値ある保存食品をつくる知恵《ちえ》には感心させられた。

くさい、くさいと連呼してきたが、そのくさいにおいに慣れてしまえば、逆にやみつきになるかもしれない。ただし、この地獄の缶詰を食べるときは、くれぐれも万全の準備と細心の注意を払《はら》って食べていただきたい。ひとりで缶を開けて気絶するといけないので、必ず２人以上で食べることをすすめる。

ホンオ・フェ　くさい度数★★★★★以上

ホンオ・フェは、韓国《かんこく》の全羅南道《チョルラナムド》の港町、木浦市《モッポ》で伝統的に食べられてきた郷土料理である。「ホンオ」とはエイ（鱏）で、「フェ」は生肉の意味。つまり、ホンオ・フェとは、「エイの刺身《さしみ》」という意味である。

初めてこのホンオ・フェを食べに木浦へ行ったとき、事前に韓国の知人が１枚のＦＡＸを送ってくれた。それはホンオ・フェについて書かれた韓国の料理本のコピーで、次のような内容だった。

「ホンオ・フェは、たぶん世界一激烈《げきれつ》にして地球一強烈なアンモニア臭を発する食べものである。口に入れて噛《か》んだとたん、アンモニア臭《しゅう》は鼻の奥《おく》を秒速で通り抜け、脳天に達する。このとき深呼吸すれば、100人中98人は気絶寸前で、2人は死亡寸前となる」

おお、まるで警告文のようではないか。その知人はもしかすると、私を思いとどまらせようとして送ってくれたのかもしれない。しかし、逆効果だった。奇食珍食《きしょくちんしょく》に目がない私にとって、「死亡寸前に陥《おちい》るようなにおい」というのは、逆にこのうえなく好奇心を掻《か》き立てるフレーズだ。大きな期待に胸をふくらませながら、韓国の木浦市へ飛んだのはいうまでもない。

◆本場一くさい?!

木浦は人口30万人くらいの港町だが、活気がありましたなあ。さっそく、木浦で一番うまいというホンオ料理専門店「金メダル食堂」へ行った。木浦一うまいというのは、木浦一アンモニア臭が激烈ということである。

ここの女将は全羅南道ではよく知られた名物女将だ。とにかく愉快《ゆかい》で、ホンオ料理を食べている間にも、丸いメガネをかけて愛嬌《あいきょう》をふりまき、みなを笑わせてくれる。「私の店のホンオ料理はどこにも負けない金メダルですよ」なんていう。ああ、それで金メダル食堂というわけかと納得。そのひょうひょうとした様子がまた愛らしく、この華奢《きゃしゃ》な体の女性がよもや名実ともに死ぬほどくさい魚を解体するなど、なんとも摩訶《まか》不思議な気分なのである。

◆アンモニアの意外な効果

しかも、エイの中でもホンオは巨大《きょだい》で、横幅《よこはば》およそ80センチ、尾《お》の長さは１メートルほどに達し、体重は十数キログラムにものぼる。そんな大きなエイを１匹《ぴき》まるごと厚手の紙で包んでかめの中に何匹も詰《つ》め、重石《おもし》をして空気を抜き、かめに蓋をして10日ほど熟成・発酵させるのだ。すると、ホンオは自分の体の中に残っている消化酵素《こうそ》で自己分解・自己消化・自己溶解《ようかい》するとともに、体の表面についているバクテリアも作用して、それが猛烈《もうれつ》なアンモニア臭を生み出すのである。そのまま冷暗所に放置しても、アンモニアによる強いアルカリ性のために腐敗菌《ふはいきん》は寄りつかず、相当期間、変質が防げるようだ。

エイに限らず、軟骨《なんこつ》をもった魚はたいてい少し古くなるとアンモニア臭を発する。たとえばサメもそうだ。自然に発生するアンモニア臭だけでも相当なものだが、ホンオ・フェの場合は、さらに熟成・発酵という手間をかけて、よりアンモニア臭の生成を促すのだから、それはもう激烈なにおいとなるのは避《さ》けられない。

◆おいしい？　食べ方

能書きはこの辺にして、さっそく女将にホンオ・フェを注文する。すると、女将は「あいよっ」とばかりに、慣れた手つきでホンオの入っている大きなかめの蓋を開ける。この時点ですでに、少し離《はな》れた私の席までアンモニア臭の第一波がやってきた。聞きしに勝るクセモノのようだ。

そんな私の動揺《どうよう》を尻目《しりめ》に、女将はかめの中から大きなホンオを取り出して、巨大なまな板の上にでんと1匹横たえる。そして、一番うまいといわれるヒレの下のきょろきょろした部位や、その周辺の肉を5ミリくらいの厚さに軟骨ごとスライスしていく。これがそのまま刺身となる。つまり、これがホンオ・フェである。刺身のまま特製のコチュジャン（唐辛子味噌《とうがらしみそ》）ダレをつけて食べるか、ゆでた豚《ぶた》三枚肉のスライスと共にサラダ菜に包み、そこにコチュジャンをつけて食べる。ほかの部位はぶつ切りにして、蒸し料理と煮込《にこ》み料理にしてくれた。

女将の手際のよさに感心しながらも、私は食べる前からすでに第二波の臭気にあえいでいた。アンモニアのにおいと魚の腐敗したようなくさみ、そして独特の発酵臭が混じり合った強烈なくさみが店全体をむんむんと覆《おお》い尽《つ》くし、女将までもが解体しながらときどきむせたりしている始末だ。

◆気絶寸前のアンモニア臭

さて、いよいよ私のテーブルにホンオ・フェが運ばれてきた。まず刺身のホンオ・フェを箸《はし》で取り、特製ダレをつけて口に入れて噛んでみる。2〜3秒後、強烈な第三波が鼻に襲《おそ》いかかってきた。うっ！　として、頭がくらっ！　として、こりゃ尋常《じんじょう》ではないと思った。アンモニアの刺激《しげき》で涙《なみだ》までポロポロ出てきた。ふと、小学生の頃《ころ》、汲《く》み取り式の学校の便所にアンモニア臭がたちこめていたのを思い出したが、そんなのはまだ可愛《かわい》いもので比較《ひかく》にならない。この世のものかと疑うほどのにおいなのである。

あまりのくささに開き直って、思いきり深呼吸をしてみたら、もっと大変なことになった。目の前がスパークして急にぱーっと明るくなり、次の瞬間《しゅんかん》には突然《とつぜん》暗くなって、意識を失いそうになったのだ。まさに気絶寸前のにおいだった。涙に加えて咳《せき》まで止まらなくなり、もはや食事をしているというより、拷問《ごうもん》にあっているような感じである。

「小泉先生ったら、また笑わせようとして大げさな話をしてる」

そんなふうに疑う読者もいるだろうが、いやいや、本当の話で、ちゃんと科学的裏付けも取ってきてある。

ホンオ・フェを口に入れたとき、日本から持参したpH《ペーハー》（水素イオン指数）試験紙をポケットから取り出し、鼻の穴のところにもっていって、鼻息をフーン！　と吹《ふ》きかけてみたのである。するとどうだ。瞬時《しゅんじ》のうちに濃《こ》い青色になったのである。アンモニアはアルカリ性なので、pH試験紙を青に変えるのだが、その青も、濃青色《こむらさきいろ》を通り越《こ》して黒に近い濃紫色に変わってしまったのである。これは私の鼻息が、いかにアルカリ度が高いか、つまりアンモニア臭がすごいかを示しているのだ。こんなに強烈なアンモニアが鼻の穴から出てくるなど、通常ではあり得ないことだ。やはりこの食べものが只者でないことが、科学的にも立証されたのである。

しかも、口に入れてしばらく嚙んでいると、口の中が熱くなってきた。おそらく、アンモニアが唾液《だえき》の水分に溶けて水酸化アンモニウムに変化した際の溶解熱だろう。ちょっとホカホカするというよりはかなりの熱さであった。

◆でもすっかり大好物に

肝心《かんじん》のホンオ・フェの味だが、最初のうちはにおいに翻弄《ほんろう》されて、うまいのか不味《まず》いのか、皆目《かいもく》わからなかった。そのうち、エイ特有のうまみが、アンモニアの辛《から》いような味にごまかされて甘味《あまみ》がのり、それにコチュジャンの辛味、ニンニク、タマネギの辛さや甘さなども入り混じって、まことに複雑な味だった。

しかし、相手が手ごわいほど、私のファイトは湧《わ》いてくるのである。

初日は激烈なくささで涙の敗北を喫《きっ》したものの、このまま帰国したのでは〝味覚人飛行物体〟の名がすたる。その後も木浦市に5日ほど滞在《たいざい》し、金メダル食堂や別の料理屋でホンオ・フェを食べまくった。すると、3日目にはホンオ・フェの真味といったのがわかってきて、4日目、5日目には、それこそ私の舌や鼻のほうから、ホンオ・フェを進んで求めるほどの大好物となっていたのである。何ごとも途中《とちゅう》であきらめてはいけないのである。

◆乱獲がたたっていまや貴重品

ところで、ホンオは、以前は木浦から船で3時間くらい行ったところにある黒山島《フクサンド》という島の周辺が最も好漁場とされたが、いまは乱獲《らんかく》がたたってあまり獲《と》れない。そのため、現在、木浦で食べられるのはインドネシアやフィリピンからの輸入ものが主体のようだ。

そんなこともあってホンオは非常に高価で、木浦を含む全羅南道ではホンオ・フェは最高級の料理とされている。とくに冠婚葬祭《かんこんそうさい》や新築祝い、大切な客人のもてなしといった場には必ず用意される。ホンオ・フェの出てくる量で、その宴《うたげ》の格式や位が決まるといわれるほどなのだ。

実際、木浦にいるあいだに2つの結婚式《けっこんしき》を見せてもらったが、いずれの場合もホンオがたくさんふるまわれ、老若男女が好んで食べていた。美しく着飾《きかざ》った若い女性たちも例外でなく、みな「ホンオ・フェ大好き！」といいながら、涙をぽろぽろと流して、くさいくさいホンオ・フェを食べていた。

木浦市内には、金メダル食堂以外でもホンオ料理を食べさせてくれる料理屋がある。そういう店では、たいていメニューに「フクサンド・ホン・タク」と記されている。「フクサンド」とはホンオの産地の黒山島のことで、「ホン」はホンオの頭文字、「タク」はマッコリ（濁酒《にごりざけ》）のことだから、「本場フクサンド産のホンオと地酒のセット」ということになる。

セットになっているだけあって、ホンオ料理にはマッコリがよく合う。マッコリは酸味の強い酒だから、ホンオのアルカリ性のくさみを中和してくれるのだろう。だから、ホンオ料理を食べて、ウッときて、クラッとしたときは、マッコリをグビッとやれば、絶妙《ぜつみょう》な味わいを愉《たの》しめるのである。

◆命がけの食べもの

なお、通常は酸によってpH値が下がると腐敗菌《ふはいきん》が繁殖《はんしょく》できなくなるが、ホンオ・フェの場合は、逆にアルカリが強すぎて腐敗菌の繁殖できるpH領域を超えてしまっている。じつはアルカリ領域で腐敗菌を抑《おさ》えるのは危険なことでもある。日本の食品衛生法では、アンモニアが少しでも含まれていると発売禁止処分となる。そのアンモニアをあえてどんどん発生させてつくるホンオ・フェは、まさに命がけの食べものなのである。実際に私がＮＨＫの番組『土曜特集』で取材に行ったとき、同行してくれたＮＨＫソウル支局の２人が、これを食べたあと入院してしまった。もし木浦へ行って食べるなら、事前に生命保険に入っておくことを、そして断じて食べている途中でおもしろ半分に深呼吸などしてはいけない。

いやはや恐《おそ》れ入りました。とにかく、世界中の奇食珍食をあさってきた私だが、催涙性《さいるいせい》の食べものと出合ったのは、このホンオ・フェが初めてであった。ゆでた豚三枚肉と共にサラダ菜で包んで食べたほうが、強烈なくさみがうまみの一部と変わって食べやすくなる。参考まで。

くさや　くさい度数★★★★★以上

くさい食べものは数あれど、くさいことがそのまま名前になってしまったのが、伊豆《いず》諸島名産の魚の干物「くさや」である。においがたいそうくさいので、「くさいや、くさいや」が転じて「くさや」になったといわれている。

くさやは私の大好物中の大好物で、くさやが手に入った日は枕《まくら》にして寝《ね》たいほどの溺愛《できあい》ぶりである。あの熟しきった妖艶《ようえん》なにおい、そして奥深い味わいには、一種の魔性《ましょう》が潜《ひそ》んでいて、私を容易にとりこにしてしまうのだ。いったいどのようなしくみで、あの絶妙なくさみが生まれるのか。まさに魅力的《みりょくてき》な女性と出会ったときのごとく、すべてを知りたくなる。

◆ポイントは「漬け汁」

くさやの原料は、ムロアジ、クサヤムロ、マアジ、サバ、トビウオなどの青魚である。これらを鮮度《せんど》のよいうちに腹開きにしてエラや内臓、血合いを除き、樽《たる》の中で２〜３回水洗いしたあと、漬け汁（発酵した海水）に数時間漬けてから簀子《すのこ》に並べ、日干しする。これを幾度《いくど》となく繰《く》り返して鼈甲《べっこう》色に仕上げていくのだが、その過程で独特の芳《かぐわ》しい風味が生まれるのである。ウナギの蒲焼《かばや》きのタレと同じく、長年使い古された塩汁ほど良質の漬け汁とされる。

伊豆諸島の中でも、くさやの生産高の多くを占めるのが新島《にいじま》だが、以前そこにある老舗《しにせ》のくさやの加工所を訪ねたことがある。ご主人によれば、現在使っている漬け汁は、加工場ができた約３５０年前からずっと、減ったら新たに塩水を足して発酵させ、減ってはまた醸《かも》し、という作業を続けながら受け継《つ》がれてきたものだという。強いにおいのする茶色味を帯びた液をなめさせてもらうと、塩辛《しおから》さがほとんどなく、濃厚なうまみの中に上品な甘味があって、切れ味も鋭《するど》い。魚の生ぐささはまったくなく、熟成した風格さえ感じさせるにおいだった。

くさやを焼くときの独特のにおいは、魚の干物特有の魚肉の焦《こ》げるにおいと、魚油の燃えるにおいに、不精香《ぶしょうか》（微生物、とりわけ細菌《バクテリア》の作用を受けることで生じるにおい）が混じって生まれる。その道に精通してみれば、たまらぬ芳香《ほうこう》で、私の盃友《はいゆう》はこの肴に目がないくせ者ぞろいだ。彼《かれ》らとこれを肴に酒を酌《く》み交わすときは、さしずめくさい仲ということになる。

◆くさやが生まれたわけ

くさやのこうした製法は、じつは島民の知恵から生み出されたものであった。黒潮海流の流れる伊豆諸島の近海は青魚たちの好漁場で、干物づくりに適した砂地の干し場も広がっている。これを生かして、江戸《えど》時代にはすでに海水を利用し、上質の塩干し魚をつくっていたという。

ところが、干物づくりに欠かせない塩の入手が困難だった。というのも、この地方は幕府への貢納品《こうのうひん》として塩を納めていたが、取り立てが非常に厳しいために、自分たちが使う塩を十分に確保できなかったのだ。そこで苦肉の策として、半切りと呼ばれる底の浅い桶《おけ》に海水を入れ、その海水に開いた青魚を浸《ひた》して天日に干すという作業を繰り返すことで、塩を使わなくても、塩分のきいた塩干し魚を生産する方法を考案したのである。

そして、ここから思いがけない奇跡《きせき》が起こった。魚を繰り返し漬け込んだ海水（漬け汁）を何度も使い回しているうちに、漬け汁が発酵して異様なにおいを放ち始めたのである。

本来なら食品としてあり得ないにおいだったが、その漬け汁をぺろりとなめてみると捨てがたいうまみがある。それもそのはず、開いた魚を何百匹と浸しているうちに、魚のうまみがその漬け汁の中に溶けだしているのだから、不味《まず》いはずがない。そこで試しに、このくさい汁に漬けて塩干しした魚を江戸へ送ったところ、食通の間でたいへんに珍重されるようになり、通常の塩干し魚と比較にならないほどの高値で取引されるようになったという。ここに名物のくさやが誕生したのである。

◆発酵菌のすごい力

くさやの漬け汁の発酵に関わっているのは、コリネバクテリウムという一連のくさや菌で、そのほかに耐塩性《たいえんせい》の酵母《こうぼ》がいる。あの強烈なにおいはそれらの菌の生産する酪酸や吉草酸、カプロン酸といった有機酸とそのエステル類である。

くさやの漬け汁は、医療《いりょう》が十分に整備されていなかった時代、新島では民間療法《りょうほう》の素材としても大いに珍重された。汁の中には魚から溶け出たり、発酵菌が生産するビタミン類や必須《ひっす》アミノ酸が豊富なので、風邪《かぜ》や、体力が衰《おとろ》えたようなときの滋養《じよう》に最適である。

切り傷や腫《は》れものができたときも、その部位にくさやの漬け汁をぬると、不思議なことにほどなく解消する。これは実際に私も新島で経験した。ちょっとした切り傷に漬け汁をつけておいたら、まったく化膿《かのう》しないで3日で治った。すごいもんだなと感心した次第である。最近になってそうした効果が注目され、科学的に検証されたところ、なんとくさやの漬け汁には天然の抗菌《こうきん》性物質が含まれていることが明らかになったという。

漬け汁の発酵には、何十種類という微生物が関与《かんよ》しているが、彼らは自分たちが生き残るために抗菌性物質をつくり、他の菌の増殖《ぞうしょく》を防ぐ力が備わっている。そのため、切り傷などの外傷にそれを塗布《とふ》すると、空気中から侵入《しんにゅう》する化膿菌の繁殖が抑えられて、傷の回復に役立つというわけである。

くさやが、それほど塩分を含まないのに、ふつうの干物より長期保存ができるのも、発酵菌の生み出した抗菌性物質がくさやの表面を覆って腐敗菌の増殖を抑えているからなのである。保存食としてもすぐれているのは、この理由によるものである。

◆焼きすぎ注意！

理屈《りくつ》はともかく、くさやは酒の肴にもってこいである。ビールに合うし、日本酒にも合う。しかし猛烈《もうれつ》にくさい。でも、私の好物中の好物で、焼いてすぐの熱々のものを手でちぎりながら食べるのが、最もうまい。

焼き方でうまさが大きく左右されるから、焼くときは油断大敵で、気を抜いてはならない。必ず皮のついている背側を先にさっと焼く。遠火の強火で、うっすらと焼き色がついたところでひっくり返し、内側のほうはほんのちょっぴりさくっと焼く。くれぐれも焼きすぎには注意しなければならない。くさやは干し魚の中でもきわめて洗練された乾燥《かんそう》状態にあり、ちょっとの強火でもうっかりしているとたちまち焦げつき、気づいたときには煎《せん》餅《べい》のようにパリパリになってしまうことがあるからだ。背側の表面が熱いうちにむしって喰《く》うのが1等賞の味。余って冷めたものは、細切りにしてお茶漬けにすると、これがまたうまい。

最近は消費者が馴染《なじ》みやすい商品にするため、「新くさや」と称《しょう》して、色の浅い、においの薄《うす》めのものが多く出回るようになった。私としては、あの黒光りしていた「本くさや」が求めにくくなったのは少々さびしい気がするが、くさや普及《ふきゅう》のためには致《いた》し方ない。

また、クサヤムロを焼いてからくさや汁に浸し、ビン詰めにした「焼きくさや」も売られている。これは焼く手間も省け、そのうえ肉質がやわらかいので重宝だ。

◆においとにおいのハーモニー

わが家では、自家製「くさや醬油《じょうゆ》」も重宝している。くさやを焼いて手でむしってよくほぐしたものを醬油に漬け込んでおくのである。これは市販のビン詰めの「焼きくさや」を利用すると便利である。1枚の半身の焼きくさやに対し、5合の醬油に漬けておくと、醬油の中にくさや特有の個性的なにおいと奥深き味がじんわりじわじわとにじみ出てきて、くさやの性質を見事に引き継《つ》いだくさくてうまい醬油に変身する。その嬉《うれ》しき哉《かな》、山のごとしである。

私はこれを納豆によくかける。すると、くさやのうまみである核酸《かくさん》系物質（主としてイノシン酸）が、納豆のうまみ（主としてグルタミン酸）と掛《か》け合わさって、いわゆる味の相乗効果の関係が生じ、さらにそこに醬油のうまみまで後押《あとお》ししてくれるものだから、じつにうまい納豆を愉しむことができる。これを炊《た》き立ての白いごはんにさっとかければ、もうどうにも止まらなくなり、何杯《なんばい》でもおかわりできる。

くさや醬油は、ハクサイ漬けやタクアン漬けなどにかけても美味で、小分けして冷蔵庫に入れておくと、何カ月でも使えるので、好事家《こうずか》にはぜひおすすめの逸品《いっぴん》である。

熟鮓　くさい度数★★★★

猛烈にくさくてうまい伝統食としては、熟鮓《なれずし》もその代表である。

熟鮓は、主に炊いたごはんに塩漬けした魚介《ぎょかい》を混ぜて重石をのせ、乳酸菌を主体とした微生物で長期間発酵させた漬物《つけもの》である。漬け込んでいる間に乳酸菌が乳酸をどんどん生み出して魚とごはんのpHを下げていく。それにより、雑菌の繁殖が抑えられるとともに、魚のたんぱく質がアミノ酸に変わってうまみを醸成《じょうせい》する。そして、発酵の初期から中期にかけ強烈なくさみが出てくるというしくみだ。このように微生物を使ってつくるすしは「鮨」ではなく「鮓」と書き、これがすしの原形と考えられている。

もともと熟鮓は中国南部の雲南省西双版納《シーサンバンナ》や、東南アジアのメコン川流域（ベトナム、ラオス、タイ、ミャンマー、カンボジアなど）が起源で、その歴史は非常に古い。紀元前2世紀頃に編纂《へんさん》された中国の文献《ぶんけん》『爾雅《じが》』の中に、「鮓《さ》」は魚の塩蔵品、「鮨《し》」は魚の塩辛、「醢《かい》」は肉の塩辛で、材料にはコイやソウギョ、ナマズなどの川魚、シカ、ウサギ、野鳥などの肉が使われていたことを示す記述が出てくる。つまり、すしの元祖は魚や肉の漬物とみてよく、今日のすしのイメージとは大いに異なるものだった。

起源とされる地域では、現在でも熟鮓がよく食べられている。以前、雲南省やミャンマーを訪れたとき、じつに多種多様な熟鮓に出合った。魚類では淡水魚《たんすいぎょ》（コイ、フナ、ナマズ、ソウギョ、レンギョなど）の熟鮓が多く、牛肉や豚肉の熟鮓の豊かさにも驚《おどろ》かされた。日本では熟鮓といえば原料は主に魚介だが、東南アジアや中国の少数民族の間では、感心するほど豚や牛といった肉の熟鮓を広範囲《こうはんい》にもっている。広西省の大傜山《ダーヤオシャン》周辺に住むヤオ族は、野鳥や野獣《やじゅう》（クマ、シカ、サル、イノシシ、ウサギなど）、カエル、トカゲなどの肉も熟鮓の原料としていた。このほか、茶の熟鮓、トウガラシの熟鮓、野菜の熟鮓など植物系のものをつくっている少数民族もいた。

◆保存できて味もいい！

日本にも縄文《じょうもん》時代にはすでに熟鮓がつくられていたともいわれている。とくに日本海沿岸の地域でサバ、マス、サケなどを原料とした熟鮓が盛んにつくられてきたのは、遺跡《いせき》の発掘《はっくつ》でもわかっている。

熟鮓はきわめて保存性が高く、数十年ものの熟鮓というのも国内外に存在する。冷蔵庫などなかった時代、魚介をはじめとする動物性食品の保存にとても重宝された。やがて長い年月の中で、「重石で圧す」という日本特有の漬物スタイルとなり、単なる保存食品ではなく、その香味《こうみ》を愉しむ食品として発展してきた。

最近は、発酵過程で微生物が多量に生み出すビタミン群や、発酵を促す乳酸菌そのものの保健効果も注目されている。ビタミンは、私たちが生きるうえで欠かせない栄養素であり、乳酸菌は整腸効果が期待できる。こうした熟鮓の滋養効果は、地元では古くから経験的に知られていることが、私たちのアンケート調査で明らかになっている。これについては後であらためて紹介する（43ページ）。

いずれにしても、日本の食卓に熟鮓が加わったことは、おかずが1品増えただけでなく、さまざまな面で恩恵《おんけい》をもたらしてくれたのである。日本では、近江《おうみ》（滋賀県）のフナ鮓（次ページ）や紀州（和歌山県）のサンマの熟鮓が代表的だが、このような熟鮓文化が、今日、少しずつ消えていきつつあるのはまことにさびしいことである。

フナ鮓　くさい度数★★★★★

日本の熟鮓の代表は、滋賀県の特産品「フナ鮓」だ。琵琶《びわ》湖に生息する固有種ニゴロブナ（煮頃鮒）を原料につくられる逸品で、日本に現存する熟鮓の中で最も古い形態を残していると考えられている。

原料のニゴロブナは子もちのものが特に珍重され、4〜6月の産卵期、卵を産み付けるために接岸したところを捕獲《ほかく》し、時間と手間ひまかけてフナ鮓にしていく。つくり方は業者や家庭によって異なるが、その工程はおおよそ次のようなものである。

ニゴロブナをきれいに洗い、うろこをていねいに剝《は》がしてエラを取り去ったあと、卵巣以外の内臓を抜き、腹に塩を詰め込んで一度塩漬けする。このまま7月の土用まで置いたら、塩抜きして陰干《かげぼ》しし、本漬けにとりかかる。桶の底に硬《かた》めに炊いた飯を敷《し》き、飯とフナを交互《こうご》に漬け込んでいって重石をのせ、翌日、桶に塩水を張る。これは塩分で腐敗を防ぐとともに、張り水で空気を遮断し、乳酸菌の発酵を促すためである。乳酸菌の発酵が進むにつれて乳酸が増え、pHが下がって防腐効果が高まるとともに、魚のたんぱく質の一部がアミノ酸に変わってうまみを増す。

正月頃にちょうど食べ頃となるが、桶から出してきて薄く切ると、フナの肉の下から黄金色に輝《かがや》く卵巣が現れ、私などはその切り身の美しさを目にしただけで鼻は蠢《うごめ》き、よだれたらたらである。たまらず口に含むと、しこしこ嚙むほどに奥深い味が口の中に広がって、日本人である喜びに浸るのだ。

◆宮廷でも愛されたにおい

ただし、この黄金色に輝く切り身がじつに醸《か》ぐわしきくさみをもっている。桶の蓋を開けた瞬間から、もう、そのにおいが飛散してきて、くさいもの好きの私としては鼻のほうまで嬉しくなってしまうのである。フナ鮓の強烈なにおいの本体は、大半が揮発性の有機酸類（酢酸《さくさん》、プロピオン酸、酪酸、吉草酸、カプロン酸、カプリル酸など）で、これらは微量でも強烈なくさみを発するクセモノたちなのだ。このにおいでフナ鮓を敬遠する人も多いが、あのくさみは発酵文化の原点のにおい、好事家、食通の憧《あこが》れのくさみ、日本の伝統的食文化の偉大《いだい》なるくさみなのである。平安時代には宮廷《きゅうてい》へ献上《けんじょう》されていた記録が残っており、当時から珍重されたことがうかがえる。

そのままごはんのおかずにしてもうまいが、お茶漬けにするとこれがまた絶品である。お茶漬けにするときは、炊き立てのごはんに薄く切ったフナ鮓を3〜4枚のせ、芥子《からし》とネギのみじん切りを薬味に添《そ》えて、熱い煎茶《せんちゃ》をかけて食べる。すると、強烈なクセのあるにおいは、しっぽりと湿った艶《つや》のあるにおいへと変貌《へんぼう》し、味は、鮓の酸味と飯の甘味が互《たが》いに融合《ゆうごう》し合って絡《から》みつき、「辛抱《しんぼう》たまらん」といった具合になる。

このほか、薄く切ったフナ鮓を椀《わん》に入れて湯を注いで吸いものにしたり、ヒレの部分を酒に入れて「ヒレ酒」にして飲むのも酒好きにはおすすめである。

私の場合は、やはり酒の肴として食べることが多い。たとえば、今津の浜で琵琶湖を眺《なが》めながら、土地の名酒「琵琶の長寿《ちょうじゅ》」のぬる燗《かん》を一杯やり、フナ鮓に舌鼓《したつづみ》を打つ。すると、「琵琶の長寿」から立ち上ってくるフルーティーな吟香《ぎんか》と、フナ鮓から舞《ま》い上がってくる牧歌的なくささ、これがまた絶妙なコントラストで私の心を揺《ゆ》さぶるのである。そのあまりにも長閑《のどか》な情緒《じょうちょ》に、涙がとめどなくあふれ出てくることもある。ああ、いけない。湿《しめ》っぽい話になってしまった。

◆健康にいいフナ鮓

ところで、フナ鮓にはさまざまな健康効果も期待されている。以前、私が所長を務める（財）日本発酵機構余呉《よご》研究所が、滋賀県の琵琶湖周辺に住む人たちに、「長年、フナ鮓を食べてきて何か保健的効果はありましたか？」と尋《たず》ねる調査を行ったところ、予想を超える回答が続々と寄せられた。

一番多かったのは「お通じがよくなる」で、2番目は「下痢《げり》が止まる」という回答だった。つまり、フナ鮓は「出す」と「止める」という、相反する症状《しょうじょう》にいい影響《えいきょう》が出ているということだ。これは乳酸菌による整腸作用と考えられる。便秘や下痢に対して乳酸菌製《せい》剤《ざい》が効果的に働くことはよく知られているが、フナ鮓の発酵も主体は乳酸菌なので、それが功を奏した結果だろう。

3番目は「疲《つか》れた胃がすっきりする」、4番目は「疲労回復《ひろう》」、そして5番目に「風邪に効く」と続いた。この5番目の「風邪に効く」という回答には、食べ方などに関する次のような共通した記述があった。「フナ鮓を丼《どんぶり》に入れて熱湯をかけ、熱々のうちにフーフーと息を吹きかけながら飲む。そうすると猛烈な発汗《はっかん》が起こるので、そのまま頭から布団《ふとん》をすっぽりかぶって寝ると、さらにどんどん汗《あせ》をかく。適宜《てきぎ》、タオルで汗をふきながら寝ていれば、翌日にはすっかり元気になっている」。確かにフナ鮓に熱湯を注いでお吸いものにして飲むと汗がたくさん出てくる。これは私自身、何度も経験しているので、風邪をひいたときに試してみるとよい。

このほか、女性から「産後の母乳の出がよくなった」という回答があったり、男性からは「事に当たる3日前からフナ鮓を朝晩食べると必ず子どもが授かる」との回答も寄せられた。

いずれにしても、うまいものを食べて体が元気になるなら、こんないいことはない。

滋賀県内ではニゴロブナだけでなく、アユ、ドジョウ、イサザ、コイ、モロコ、ナマズ、オイカワ、ウグイなどの熟鮓もまれにあって、神事に熟鮓を供する神社も数多い。日本最大の湖である琵琶湖を背景に、近江は歴史的に熟鮓文化が奥深く根づいているところなのである。

フグの卵巣の糠漬け　くさい度数★★★

かなりくさいうえに、食べるときはいつも死を意識せざるを得ない、それでも食べたい垂涎《すいぜん》の逸品が、石川県特産の「フグの卵巣の糠漬け」である。

フグの卵巣の糠漬けは、石川県の白山市（美川地域）や金沢市、能登《のと》半島の一部などで昔からつくられてきた伝統食品で、トラフグ（マフグ）、ゴマフグ、サバフグ、ショウサイフグなどの卵巣がその原料とされてきた。

ご存じのようにフグには猛毒が含まれている。フグの毒はテトロドトキシンという化合物で、青酸カリの20倍の毒性をもっている。とくに卵巣に最も多く含まれていて、大型のトラフグなら、卵巣1個で15人くらいの人間を死に至らしめるほどの猛烈な毒性がある。その猛毒を多量に含むフグの卵巣を、こともあろうに食用にしてきたのだから、まったく驚きである。

世界広しといえど、猛毒が詰まっているフグの卵巣をわざわざ食べる民族はいない。本書でも命がけの食品をいくつか紹介《しょうかい》しているが、毒そのものを含んでいるものはこれだけだ。フグの卵巣は一歩間違うとこの世とおさらばまた逢《あ》う日まで、ということになる。いくら「鋼《はがね》の胃袋」と豪語《ごうご》する私でも、毒を喰らえば死んでしまう。

しかし、石川県ではこのフグの卵巣の糠漬けが土産《みやげ》物屋で簡単に手に入る。もちろん、それで食中毒が起こったというケースは皆無《かいむ》なのである。いったい毒はどうなってしまったのか。それは製造法に秘密がある。

◆発酵の力で猛毒が消える！

フグの卵巣の糠漬けをつくるときは、まず原料のフグから卵巣を取り出して30％の塩で塩漬けし、1年ほど保存する。その間、2〜3カ月に一度、塩を替《か》えて漬け直す。次に、今度は少し塩抜きしたあと、少量の麹《こうじ》とイワシの塩蔵汁を加えた糠に漬け込み、重石をして2〜3年発酵・熟成させる。すると、あら不思議、漬け込む前に多量に存在した猛毒テトロドトキシンは、卵巣から完全に消えてしまうのである。

こうした製造のプロセスの中で、毒消しは2段階で行われる。最初は塩漬けしている間に一部の毒が水分とともに卵巣外に流出していく。しかし、卵巣内部の毒は組織にくっついているので、塩漬けを終えた段階ではまだ多量に残っている。そこで糠床《ぬかどこ》が威力《いりょく》を発揮する。フグの卵巣を糠みそに漬けると、糠みその中の発酵菌（主に乳酸菌）が卵巣内部へ入っていって、そこでどんどん増殖する。発酵中の糠みそには、1グラム（親指の爪《つめ》にのるぐらいの量）中に数億の微生物が活発に活動しているが、彼らはフグの毒（テトロドトキシン）が大好物だから、貪《むさぼ》り食って分解し、アンモニアと水と炭酸ガスに変えていく。これで毒がきれいに消えるのだ。私はこの現象を「解毒発酵」と呼んでいる。発酵微生物の集団にかかったら、さしものフグの卵巣も弾《たま》を抜かれた鉄砲《てっぽう》と化して安全な食品になってしまうのである。

◆おすすめはお茶漬け

フグの卵巣の糠漬けは、ちょうど大きめのナスを平たくした感じの形状をしていて、全体にやや硬く、指で押すとむっちりとその弾力《だんりょく》が返ってくる。色は少し黄色みがかった灰色で、ずっしりと重い。それを薄くスライスして食べるのである。スライスすると、内側は眩《まぶ》しいほどのあざやかな山吹《やまぶき》色をしていて、卵の粒《つぶ》がびっしりと詰まっている。

この珍味は、酒の肴やごはんのおかずに最適である。薄くスライスしたものを口にすると、酸味がサッと舌に広がり、そのあと塩辛さが出てくる。しばらく噛んでいると、卵巣のうまみがとろとろと出てくるのである。焙烙《ほうろく》で軽く焦がしてから食べるとなおうまい。たんぱく質が発酵菌で分解されてアミノ酸になっているのだから、うまいに決まっている。

私の一番のおすすめはお茶漬けだ。炊き立てのごはんにこの卵巣をほぐしてふりかけ、そこに練りワサビと三つ葉のみじん切りを少々のせ、願わくは山椒《さんしょう》の実の粗挽《あらび》きを添えて、沸騰《ふっとう》するほど熱い茶を注いでよく混ぜる。すると、糠みそ特有の発酵臭がふわっと立ち上ってくる。それはくさいというより、古《いにしえ》の郷愁《きょうしゅう》を感じさせてくれる風格をもったにおいで、大いに食欲をそそられる。たまらずに胃袋にかき込むと、乳酸由来の酸味とごはんの甘味、そしてかすかな渋味《しぶみ》もあって、さらにそこに卵巣のうまみとコク味が絡み合う。「ああ、生きていてよかった」と本気で思う瞬間である。茶を注ぐとき、とろろコンブを添えるのもいい。いっそう風格ある味が堪能《たんのう》できる。お茶漬けのほかに、おにぎりやパスタに活用してもうまい。

◆古人の偉大な知恵

しかし、おもしろいものである。フグの卵巣の糠漬けは、すでに解毒発酵によって毒はないのだとわかっていても、万が一、発酵が不十分であったら確実に死ぬわけだから、どうしても、食べながら「万が一」という思いが頭から離れない。卵巣の一片《いっぺん》を口に入れ、静かに噛みながら、もうこの世ともおさらばか、なんて思っていると、本当に頭がしびれて、体がふわふわ浮くような気分になってくる。この緊張感がまたやみつきになるのである。

それにしても、恐ろしい猛毒を、このような巧《たく》みな手法によって毒抜きする方法を考え

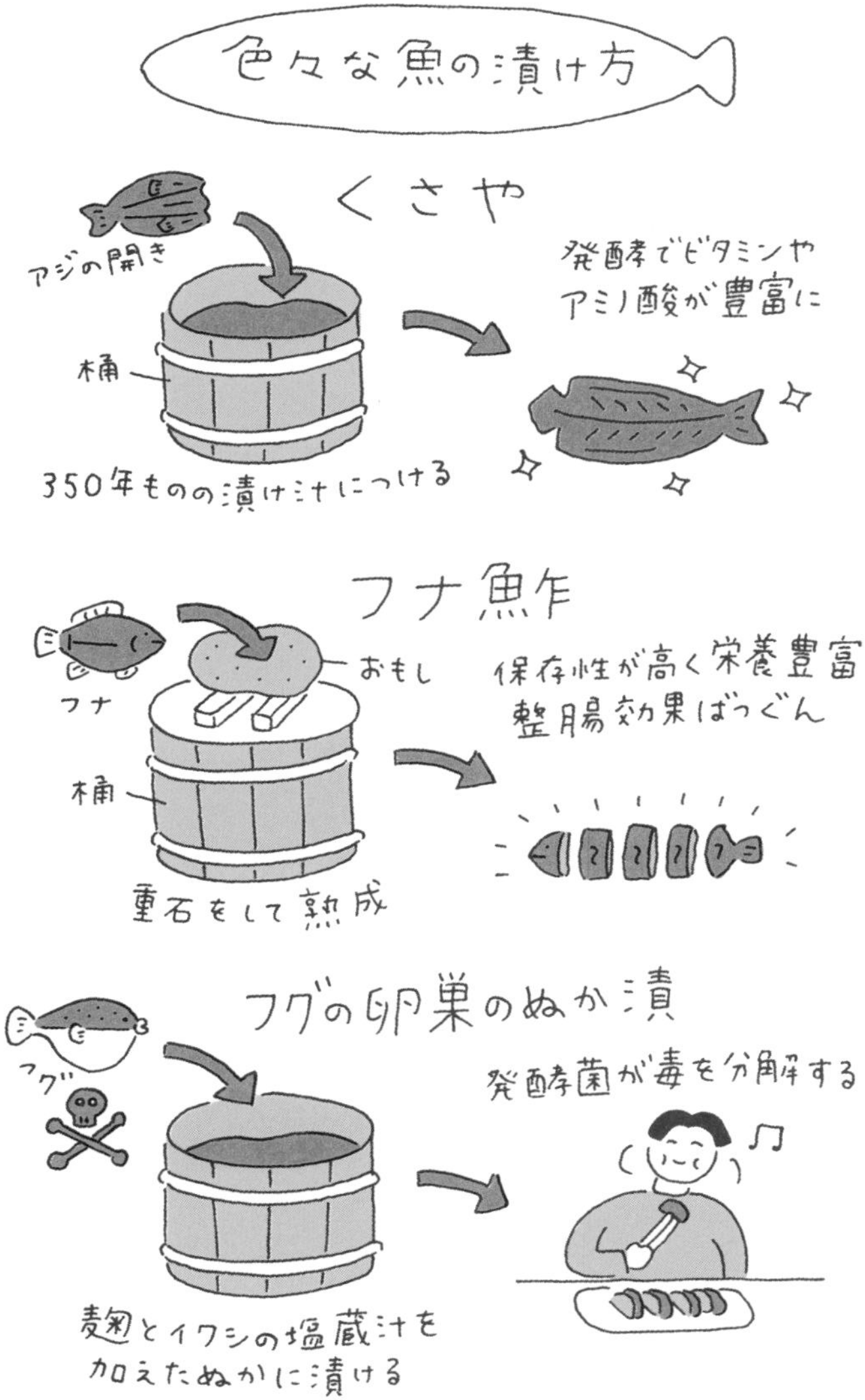
色々な魚の漬け方
くさや
アジの開き
桶
350年ものの漬け汁につける
発酵でビタミンや
アミノ酸が豊富に
フナ鮓
フナ
おもし
桶
重石をして熟成
保存性が高く栄養豊富
整腸効果ばつぐん
フグの卵巣のぬか漬
フグ
麹とイワシの塩蔵汁を
加えたぬかに漬ける
発酵菌が毒を分解する

出した古人の知恵には驚くばかりである。世界に冠《かん》たる発酵王国、魚食大国の面目躍如《めんもくやくじょ》といったところか。まさに日本ならではの奇跡の珍味といえる。

ただし、フグの卵巣の糠漬けの製造法には、いくつかの秘伝がある。だから、素人《しろうと》が気軽に「よし、俺《おれ》もいっちょうつくってみようか」などとゆめゆめ思ってはならない。

第2章

調味料

魚介類を大量の塩に漬《つ》けてしばらく置いておくと、発酵微生物《はっこうびせいぶつ》が作用して猛烈《もうれつ》にくさいドロドロの液体となる。見た目には腐《くさ》った汁《しる》のようだが、これこそがうまい料理をつくるうえで欠かせない魔《ま》法《ほう》のしずく、すなわち魚醤《ぎょしょう》である。

古来、世界各地で地域の特性を生かした魚醤がつくられ、それをベースに郷土料理が生み出されてきた。とくに日本を含《ふく》む東アジアから東南アジアにかけての一帯では、食文化の担《にな》い手として、魚醤が重要な役割を果たしてきたのは周知のとおりである。

アジアの魚醤のルーツは、中国にあるといわれている。中国では昔から、魚介《ぎょかい》類をはじめ、鳥獣《ちょうじゅう》の肉、あるいは大豆を原料とした味噌《みそ》の類を「醬《ジャン》」と総称してきた。それが今日では大豆や麦、魚介などを塩とともに仕込《しこ》んで発酵させたものが「醬」となり、これを搾《しぼ》って液体としたのが「醬油《ジャンユウ》」で、日本の大豆醬油もこれに含まれる。ちなみに、醬油の「油」は油脂《ゆし》のことではなく、とろりとした液体を意味する。小エビの醬は「蝦醬《カビ》」、魚の醬は「魚醬」というわけだ。

◆世界中にある魚醬

日本にも、かなり古い時代に中国から魚醬が伝わったと考えられている。現在、日本では大豆醬油が主流だが、いくつかの地域では郷土料理に魚醬文化が残っている。秋田県の「しょっつる」、香川《かがわ》県の「いかなご醬油」はその代表だ。魚醬をもつ地域には、それに合ったうまい鍋《なべ》料理が必ずといっていいほど存在する。最近はパスタやチャーハンの隠《かく》し味や、白菜漬けや和製キムチ、松前漬けなど伝統的な漬物《つけもの》の隠し味として魚醬が使われることも多い。

一方、西欧《せいおう》では、古代ローマの文献《ぶんけん》に「クリアメン」「ガルム」と呼ばれる魚醬が出てくる。これは酢《す》と共に、文献上、世界最古級の調味料とされるが、現在はヨーロッパの一部や南米の一地域にその名残《なごり》が2、3散見されるにすぎない。日本でも知られるアンチョビソースはその希少なひとつである。くさささでいえばアジアのものが圧倒的に強烈《きょうれつ》だ。ここでは、くさくてうまい魚醤を厳選して紹介《しょうかい》しよう。

しょっつる　くさい度数★★★

日本の代表的な魚醤のひとつが、しょっつるである。しょっつるは秋田県の特産品で、もともと沿岸部の各家庭で旬《しゅん》の魚を使ってつくられていた。だから、さまざまなつくり方があるが、基本的にはハタハタ（鰰）を原料とし、飯・麹《こうじ》、塩のほか、ニンジン、カブ、コンブ、ユズなどの風味物も混ぜ込んで樽《たる》に漬け込み、蓋《ふた》をして重石《おもし》で密閉する。普通もので2年、上等もので4～5年発酵・熟成させる。

近年はハタハタの漁獲量《ぎょかくりょう》が減ったために、イワシや小アジ、アミ、コウナゴを使ったり、魚と塩だけでつくる場合も多いが、いずれの場合も、数年漬け込んでいる間に魚は溶《と》けてドロドロの汁となる。これを漉《こ》して加熱殺菌《さっきん》したものが、しょっつるである。

数年にわたる発酵・熟成期間中に、原料の魚からうまみ成分（アミノ酸）が抽出《ちゅうしゅつ》されると共に、発酵微生物（主として耐塩性乳酸菌《たいえんせいにゅうさんきん》と酵母《こうぼ》）が作用して特有の味やにおいをつくり出し、円熟した香味の天然発酵調味料が仕上がるのである。熟成期間は長ければ長いほど、まろやかさと芳醇《ほうじゅん》さが増していく。

円熟した香味といえば聞こえはいいが、大豆醤油に慣れている人にとって、しょっつるの発酵臭《はっこうしゅう》はかなり強烈である。くさや（30ページ）のにおいを若干マイルドにしたような感じだから、初心者は鍋や煮《に》ものなどに隠《かく》し味程度に使うところから始めるといいだろう。

◆郷土料理からパスタまで、オールマイティーの調味料

しょっつるを使った料理といえば、秋田名物のしょっつる鍋や貝焼《かや》きがよく知られている。煮ものや汁もの、鍋などに入れると、においはほとんど気にならなくなるばかりか、ぐっと食欲を掻《か》き立てるにおいとなり、さらに料理の具材と調和してなれあい、コク味やうまみがぐんと増し、大いに食欲をそそる調味料に変身するのである。これが魚醤の醍醐《だいご》味《み》で、風味が変化する秘密は、しょっつるの原料魚から溶出《ようしゅつ》した塩基性の臭気と、アミノ酸やペプチド、核酸《かくさん》にあり、これらがうまみを演出するとともに、鍋で煮込むと魚のくさみを包括《ほうかつ》して消してしまうという、いわばマスキング効果があるのだ。

しょっつるのくさみとうまみを知ってしまうと、もう後戻りできないほどの魔性《ましょう》の力を

もっていて、従来の植物原料の醤油では物足りなくなってくるのである。普段《ふだん》の料理でも、「なにか一味足りないな」というときにとても便利で、煮込みうどんやラーメン、炊《た》き込みごはん、チャーハン、パスタなどに使うととてもうまい。焼き魚を焼く前に、しょっつるをちょっと垂らすのも乙《おつ》で、慣れてきたら、タイやフグなどの白身魚の刺身《さしみ》にもぜひ使ってみよう。

いしる（いしり）　くさい度数★★★

イカの腸（コロ）を集めて塩漬けし、そのまま置いておくと、塩に耐性のある乳酸菌や酵母が働いて発酵が進み、3年ほど経《た》ってからそれを漉すと、きれいな琥珀《こはく》色の汁が得られる。これがいしるである。いしりと呼ばれることもあるが、大昔から能登《のと》半島を中心とした日本海沿岸でつくられてきた伝統的な魚醤のひとつだ。

発酵の過程でイカの腸に含まれているたんぱく質が分解されて、うまみのもとになるアミノ酸やペプチドがたくさん生じるため、味は濃厚《のうこう》でとにかくうまい。一方で、主にベタインとかタウリンといった、イカの腸のたんぱく質が発酵微生物によって分解されることから、独特の強烈なにおいが生み出される。

それはくさやのようなウンチっぽいにおいではなく、肉感的というか、ちょっと猥褻《わいせつ》な、そそられるような感じのエスニックなにおいである。具体的には、タイのナン・プラー（60ページ）やベトナムのニョク・マム（58ページ）などの魚醤に近いにおいで、ゴルゴンゾーラ（99ページ）やスティルトン（97ページ）といったブルーチーズのにおいにたとえる人も多い。とにかく強烈なにおいなので、煮ものや炒《いた》めものなどにちょっと加えただけで、独特の発酵臭が湧《わ》き立ち、好事家《こうずか》にとってはたまらない逸品《いっぴん》に仕上がる。鍋に入れるのもおすすめだ。

◆いしるでタクアンが大変身！

作家の故・井上ひさしさんは、これが大好物だった。井上さんとは、山形県西山町での農民ゼミで何度かご一緒《いっしょ》したが、いつもいしるの話で盛り上がった。井上さんは完全な夜行型で、家族が寝静まったあと、夜中に執筆《しっぴつ》するのが常だったが、仕事の合間にチャーハンや焼きそばなんかをつくって、いしるをちょっとふりかけて食べることが大いなる喜びだといっていた。いしるのにおいを夜中に嗅《か》ぐと、思わずニヤリとしてしまうというのである。まさに大人の微笑《ほほえ》みを誘《さそ》う、じつにほほえましい話である。

いしるの食べ方はさまざまだが、ここでは「べん漬け焼き」という非常におもしろい料理法を紹介しよう。タクアンの糠《ぬか》みそ漬けを糠から掘《ほ》り出してきて、さっと糠を洗い流す。表面の水気を布でふいたら、いしるを刷毛《はけ》で塗《ぬ》り、それを炭火で焼くのである。漬物を焼いて食べるというのは、おそらく世界を見渡《みわた》しても他に類がないのではなかろうか。

このべん漬け焼きがおもしろいのはそれだけではない。食べたとき、タクアンの味がしないのである。見た目はタクアンだし、食感もタクアンなのだが、味はまるまるイカなのである。タクアンの香味もかなり強烈なのに、そのタクアンに刷毛で塗ったイカの腸の発酵品、すなわち、いしるの味に凌駕《りょうが》され、完全にイカ焼きと化してしまうのだ。焼いているときのにおいも同様で、祭りの屋台で売られているイカ焼きのにおいそのものである。

タクアンを食べてイカの味がするとは、なんとも不思議な感覚だ。1粒で2度おいしいといった感じ、ひと切れで、ごはん2杯は軽くいけるおかずである。

ニョク・マム　くさい度数★★★★

東南アジアでも、じつにさまざまな魚醤がつくられている。代表的なものをいくつか紹介しよう。

ベトナムにはニョク・マムがある。現地の言葉で「ニョク」は液体を意味し、「マム」は魚介類の発酵食品の総称だから、ニョク・マムは魚介類の発酵食品から得られた液体、すなわち魚醤のことである。

ベトナムは海に面しているだけでなく、メコン川を代表とする多くの河川と巨大なデルタ地帯が存在するため、海水・淡水《たんすい》の魚介類の宝庫で、魚醤づくりには最高の地といえる。貝やエビ、カニのほか、カエル、ザリガニ、タガメなどを原料にした魚醤もある。その中でも最もポピュラーなのが雑魚《ざこ》に塩を加え、8カ月ほど発酵・熟成させてから搾って濾過《ろか》したニョク・マムだ。

ニョク・マムは、ベトナム人にとっての万能調味料で、煮ものや炒めもの、スープの味付けのほか、春巻きのつけダレ、フォーの味付けなどさまざまな料理に使われる。各家庭では、ニョク・マムに、ニンニクやトウガラシ、ベトナムラッキョウ（エシャロット）、ライムジュース、砂糖などを混ぜて、ニョク・チャムという自家製の漬け汁として汎用《はんよう》しているケースも多い。日本の大豆醤油と同じである。

日本の醤油かけごはんのように、ニョク・マムをそのままごはんにかけたり、粥《かゆ》にニョク・マムをかけたものを離乳食《りにゅうしょく》にすることもあり、まさに国民的調味料といえる。

◆ニョク・マムの作り方

ただし、日本の大豆醤油と大きく異なるのは、強烈なにおいである。ニョク・マムのにおいは凄《すさ》まじく、車で道路を走っていても、どこかでニョク・マムを製造していたりすると、鼻で嗅ぎ分けてそこへたどりつくことができるほどだ。ニョク・マム大好きの私は、そんなにおいに惹《ひ》かれて、その発生源にわざわざ立ち寄ってみたりするのだが、何度目かのベトナム旅行の際、南部のカントーというところで、珍しいニョク・マムに出合った。原料は小型の川ガニで、次のようなワイルドな醸造法《じょうぞうほう》でつくられていた。

まず、バケツ2杯分くらいの生きた川ガニを石臼《いしうす》の中に入れ、野球のバットのような太い棒で容赦《ようしゃ》なく上から搗《つ》いていく。棒で搗かれた川ガニはグシャッ、グシャッという無残な音と共にぺしゃんこにつぶされ、途中《とちゅう》、何度か塩が放り込まれてさらに搗いたり、攪拌《かくはん》したりしているうちに、石臼の中はカニの体液と塩でどろどろになる。それを今度はバケツに入れて仕込みがめの中へ移し、また石臼の中に別の生きた川ガニを入れて棒で搗き、かめへ移す、といった作業を何度も繰《く》り返しながら、かめの中を満タンにして最低8カ月ほど発酵・熟成させる。2〜3年発酵・熟成させてから出荷する製品もあるという。

こうしてできた川ガニのニョク・マムも、一般のニョク・マムと同じようにさまざまな料理に使われる。これもカニの濃厚なうまみが凝縮《ぎょうしゅく》されていてとてもうまいが、しかしひどくくさい。だがこのくささがうまみを相乗させるので、全体がたまらなくうまいのである。

ナン・プラー　くさい度数★★★★

タイの食卓にも、決して欠かせない魚醤がある。それがナン・プラーである。タイ語で「ナム」は汁を意味し、「プラー」は魚を意味する。ベトナムのニョク・マムと並ぶ、東南アジアの二大魚醤のひとつとされていて、原料や製法もよく似ている。

タイも、南部は海に面していて、西部や東部には大河メコンが流れていることから、イワシや小型のアジ、サバ類など海産物のほか、淡水産の魚類も多く漁獲されている。そして、これらを原料に塩漬けにして発酵・熟成させ、液体だけを取り出して漉し、さらに熟成させて魚醤がつくられている。その代表がナン・プラーで、ナン・プラーを製造している比較的大きい工場は、タイ全土に200近くあるともいわれている。

ナン・プラーは、ニョク・マムよりにおいはマイルドともいわれるが、それでも相当くさい。くさいが、魚醤ならではのアミノ酸を多く含んでいるために濃厚なうまみがあり、炒めものや揚《あ》げものに使うと、料理の香ばしさが増してやみつきになる。煮もののダシ、あるいはつけダレとして最高だ。タイの食卓《しょくたく》には欠かせない天然の発酵調味料である。

第3章

肉類

ヒツジの血の腸詰め

くさい度数★★★★

自称ムサボリビッチ・ヒツジンスキーの私だが、これまで食べたヒツジ料理の中で最もくさくて難儀《なんぎ》したものを、紹介《しょうかい》する。

内蒙古《うちもうこ》自治区やモンゴルでは、ヒツジを材料にさまざまな「腸詰《ちょうづ》め」がつくられている。日本で腸詰めというと、肉を詰めたソーセージを思い浮かべる人が大半だろうが、ここで取り上げるのは血の腸詰めである。まるで恐怖《きょうふ》映画のタイトルのようだが、実際に味もにおいも恐怖を感じるほど凄《すさ》まじい。

モンゴル人のヒツジの解体法は見事だが、このとき容器に取り分けた血も、客をもてなす特別料理に使われる。野菜と共に炒《いた》めたり、貴重な米（ワイルドライス）に染《し》み込《こ》ませて炊《た》いたりもするが、特有の香草を刻んで血に混ぜ、それを腸に詰めて蒸したものがよく出される。これが血の腸詰めである。

◆獣と鉄錆のにおい!?

私がモンゴルでご馳走《ちそう》になったのは、直径6センチほどの太さで、1メートルくらいの長いものを10センチくらいにぶつ切りにしたものだった。切り口は濃《こ》いチョコレート色をしていて、手に取ってみると半固体状でぶよぶよしていた。それを小型の蒙古刀で切って食べるのだが、口に入れた瞬間《しゅんかん》、ヒツジ特有の獣臭《けものしゅう》に加え、鉄錆《てつさび》のような強烈《きょうれつ》な血のにおいが鼻に襲《おそ》いかかってきた。思わずウッとこみあげてくるのを必死で抑《おさ》えながら、おそるおそる噛《か》んでみると、今度はねっとりした不気味な食感に背中がぞぞっとした。味はややしょっぱくて、鈍《にぶ》く重い。ひとことでいえば、くさくて不味《まず》いのである。

しかし、モンゴルの人たちは、もてなしの料理として貴重なヒツジを1頭つぶして出してくれているのだから、吐《は》き出すなどとんでもないし、ヒツジに対しても失礼である。獣臭と血のくさみで意識がもうろうとする中、ひたすらモグモグと噛んでいた。すると、口の中がヒツジの血でどろどろの状態になり、一刻も早く飲み込まないと口からあふれ出てきそうな状態になった。口からあふれ出たら、それこそ恐怖映画になってしまう。

勇気をふりしぼってゴクリと飲み込んだ。ところが、血の塊《かたまり》はなかなか胃袋《いぶくろ》のほうへ落ちていかない。食道の途中《とちゅう》で重力に逆らって上がってこようとするのである。胃袋が完全に拒否《きょひ》しているのだ。額ににじむ汗《あせ》を気づかれないようにしながら、やっとのことで胃袋へ押《お》し下げたのだった。

◆ウンチにびっくり！

事なきを得てほっとしていると、隣《となり》に座っていたモンゴル人が「うまいか？」と聞いてきた。急な問いかけに、私はうっかり「うまいよ」と笑顔で答えてしまった。すると、「そうか。じゃあ遠慮《えんりょ》せずにどんどん食え」と迫《せま》られて、とても断れない状況《じょうきょう》に陥《おちい》り、私はナイフで血の腸詰めを切り取りながら、顔で笑って心で泣いてモグモグと食べ続けたのであった。全身から噴《ふ》き出す汗まで血のにおいがするような気がしたほどである。

なんとか夜の宴《うたげ》が終わり、一晩ぐっすり眠《ねむ》って心機一転。早朝の大平原で気持ちよく排《はい》便《べん》したところ、ここでまたびっくり仰天《ぎょうてん》。肛門《こうもん》から真っ黒のコールタールのようなウンチが出てきたのである。下血したのかと思って、あやうく黒いウンチの上に尻《しり》もちをつきそうになった。

日本に帰ってから、心配になって知り合いの医者に相談したら、「それはヒツジの血が胃袋を通過するとき、強い胃酸（塩酸が主体）の中をくぐって出てくるから、焼けて黒く変色しただけだ」とのこと。つまり、私の健康状態は問題なしということだった。

この血の腸詰めも、最初はいろいろ困惑《こんわく》したものの、その後何度も内蒙古自治区やモンゴルを訪ねてご馳走になるうちに、なんとか食べられるようになったので、翌朝は大草原でもりもりと黒いウンチをするのである。

キビヤック　くさい度数★★★★★以上

極寒《ごっかん》の北極近くにも、五つ星に輝《かがや》く甚《はなは》だくさい食品がある。キビヤックと呼ばれる発酵《はっこう》食品がそれで、カナディアン・イヌイット（エスキモー）の間で食べられているきわめて珍《めずら》しい漬物《つけもの》だ。

もともとカナディアン・イヌイットの住むバレン・グラウンズあたりは、冬の寒さはもちろんのこと、3カ月ほどの短い夏も気温はさほど上がらないため、微生物《びせいぶつ》の生育には不適であり、発酵食品は口にしない民族といわれてきた。しかし実際には、度胆《どぎも》を抜《ぬ》かれるようなすごい発酵食品が存在するのである。

そのつくり方は、じつにダイナミックである。まず食料として捕獲《ほかく》した200~300キログラム級の巨大アザラシの肉や内臓、皮下脂肪《しぼう》を取り去ったあと、その腹の中に海燕《うみつばめ》の仲間であるアパリアスを50~100羽詰め込む。アパリアスは、ツバメより二回りくらい大きな水鳥だが、そのアパリアスを羽根もむしらずそのままアザラシの腹へどんどん詰め込んでいくのである。

そして、アザラシの腹がパンパンになったところで、今度は太めの釣《つ》り糸で縫《ぬ》い合わせ、土の中へ埋《う》める。最後に重石《おもし》をのせるのは、北極キツネやシロクマなどに食べられないようにするためだそうだ。

2~3年埋めておくと、アパリアスはアザラシの皮と厚い皮下脂肪の中で乳酸菌《にゅうさんきん》や酪酸《らくさん》菌《きん》、酵母《こうぼ》などの発酵をじっくりと受けて熟成されていく。夏だけ微生物が働くので、積算した発酵期間はだいたい半年程度だが、まことに壮絶《そうぜつ》な漬物ができあがるのである。それがいったいどのようなものか、読者諸氏は想像できるだろうか。

「イカ飯のようにアザラシを輪切りにして食べる？」

そんな甘《あま》い考えで、この漬物を目にしたら卒倒《そっとう》するかもしれない。

◆凄まじい食べ方

発酵を終えた頃《ころ》に土を掘《ほ》り返すと、凄まじいにおいと共に、驚《おどろ》きの光景が目に飛び込んでくる。アザラシは溶《と》けてどろどろとなり、腹部などはちょうど塩辛《しおから》のような状態になっている。一方、その腹に詰めた海燕は、羽根は発酵しないので見た目はほぼ原形のままだが、体の中は発酵してグシャグシャになっている。これを食べるのである。食べるといっても、海燕の肉を煮《に》たり焼いたりするわけではない。海燕の尾羽根を引っぱって抜き、露《あら》わになった肛門に口をつけ、発酵した体液をちゅうちゅうと吸い出して味わうのである。

私は数年前、グリーンランドのイヌイットの村でこのキビヤックを食べる機会を得たが、海燕の肛門からしたたる体液は、アパリアスの肉やアザラシの脂肪が溶けて発酵したものなので複雑な濃味《こくみ》が混在し、ちょうど、とびきりうまいくさやにチーズを加え、そこにマグロの酒盗《しゅとう》（塩辛）を混ぜ合わせたような味わいである。ところがそのにおいといったらただごとではない。強烈猛烈激烈《きょうれつもうれつげきれつ》な臭気《しゅうき》が鼻からきて、「くさやのにおい」＋「くさいチーズの代表であるゴルゴンゾーラのにおい」＋「中国の白酒《パイチュウ》のにおい」＋「フナ鮓《ずし》のにおい」＋「腐《くさ》ったギンナンのにおい」＋「ウンチのにおい」＝「キビヤックのにおい」という公式が成立するほどのものである。皮膚《ひふ》にキビヤックの汁《しる》がついたら、1週間はにおいがとれない。

初めはその強烈なにおいで躊躇《ちゅうちょ》したが、百戦錬磨《れんま》の我が輩《はい》などは、2〜3羽平らげるうちに、激臭がむしろ食欲を喚起《かんき》し、発酵物特有の芳《かぐわ》しさに魅《み》せられてやみつきになった。冒険家《ぼうけんか》、故・植村直己《うえむらなおみ》さんも、北極探検の旅にはいつもこのキビヤックを携帯《けいたい》していたことを手記に遺《のこ》している。それによると、肛門から体液を吸い出すほかに、アパリアスの皮や肉を食べたり、あばら骨をしゃぶったりといった食べ方もされた。手記の中に次のような一文がある。

「やっぱり最初、（イヌイットの）若い女の子が肛門のところに口を寄せて吸い込むようにして、口のまわりに真っ黒い血がべったりついているわけですよ。そういう、皮ひきさきながら食べているのをみたらドギモを抜かれましたね」

キビヤックには
発酵によるビタミンが豊富に含まれている。
北極圏での重要な栄養源。
肛門
海燕
アパリアス
アザラシ

植村さんはキビヤックがあったから北極点まで単独行ができたとも述べていた。

◆ビタミン補給のすぐれた知恵

キビヤックは調味料としても重宝されている。イヌイットの人たちは歴史的にセイウチやアザラシ、クジラ、トナカイなどの生肉を食べる習慣があるが、生肉にキビヤックをつけることはない。しかし、それらの肉を加熱調理して食べるときはキビヤックをつけて食べる。なぜなら、発酵食品であるキビヤックには、発酵菌由来の各種ビタミンが豊富に含《ふく》まれているからだ。加熱によって肉から失われたビタミン類を補給するために、キビヤックをつけて食べるわけで、じつに理に適《かな》った食法といえる。

北極圏《けん》にはキビヤックに似た漬物がほかにもある。北シベリアのキスラヤ・ルイバもそのひとつで、秋に獲《と》れた魚の一部を土に埋めて保存し、冬から春にかけての重要なたんぱく源としている。また、チュコト半島ではセイウチの肉を皮袋に縫い込んで穴に保存し、発酵させたものが食べられている。さらに、カムチャッカ半島には、土や皮袋の中で魚卵を発酵させたものがあるという。どれも酒の肴《さかな》としてうまそうだが、いずれもとてもくさい。

このように新鮮な野菜や果物からビタミンの補給ができない生活環境の中で、発酵という手段で微生物にビタミンをつくらせ、それを摂取《せっしゅ》するという「知恵《ちえ》の発酵」がそれぞれの民族の生活を豊かにしていることに感動すら覚える。

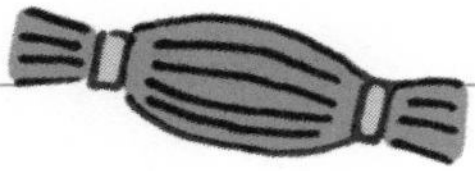

第4章

大豆製品

糸引き納豆

くさい度数★★★★

一般に「納豆」という呼び名でスーパーの棚《たな》にずらっと並んでいるのが、この糸引き納豆だ。箸《はし》で混ぜれば混ぜるほどネバネバと糸を引いてくる、あの納豆である。

ネバネバを生み出すのは、納豆菌《なっとうきん》と呼ばれる発酵《はっこう》微《び》生物《せいぶつ》で、大豆を煮《に》て稲《いな》ワラの苞《つと》に詰《つ》めて保温すると、ワラの中に棲《す》みついている納豆菌が大豆のたんぱく質を分解しながら猛烈《もうれつ》に繁殖《はんしょく》し、特有の粘《ねば》りとくさみをもった糸引き納豆が自然にできあがるのだ。

現在、稲ワラでつくっているところはほとんどなく、培養《ばいよう》した納豆菌を大豆に添加《てんか》して大量生産されている。

日本で糸引き納豆が登場したのは、平安時代から室町時代にかけてのことと考えられている。江戸時代に入ると、町に納豆売り屋が朝早くから売り歩くようになり、今日にいたるまで常に庶民《しょみん》の大切な味として重宝されてきた。

◆味噌汁と納豆のごはんはすごい!

糸引き納豆の普及により、日本の朝の食卓に「味噌汁《みそしる》と納豆」という、大豆の二大発酵食品が並ぶようになったことは、大豆発酵食品の高い栄養価を考えると、その功績は計り知れない。日本食のパラダイムシフトといっても過言ではないだろう。

なにしろ、糸引き納豆はたんぱく質の含有量《がんゆうりょう》が大豆より多く、100グラム中に占《し》める比率は、牛肉とくらべても遜色《そんしょく》ない。肉をあまり食べてこなかった日本では、たんぱく源がほぼ大豆製品に限られていたが、その大豆以上にたんぱく質が豊富な糸引き納豆の登場は、日本人にとって非常に価値あるものだった。

加えて、糸引き納豆はビタミンの補給源としてもすぐれている。ビタミンB_1、B_2、B_6、ナイアシンなどが豊富で、ビタミンB_2に関しては大豆の7倍も多い。また、カルシウム、カリウム、亜鉛《あえん》といった重要なミネラル類も含《ふく》んでいる。これらの成分は、粗食《そしょく》だった時代の日本人のみならず、偏食《へんしょく》しがちな現代人にも欠かせないものである。

糸引き納豆は、栄養以外の面でも、日本人の食生活に非常に合っている。たとえば、西欧人は主食の麦を粉にしてから焼いて食べる「粉食型民族」だが、日本人は主食の米をそのまま粒《つぶ》の形で炊《た》いて食べる「粒食《りゅうしょく》型民族」である。だから、粒食型食品の納豆をごはんと一緒に食べるのは、とても自然なことである。

◆納豆菌にはこんな効果も

また、糸引き納豆は消化吸収もいいことから、「早飯食い」の日本人にはうってつけだ。ごはんに納豆をかけて食べると、たいていの人はかき込《こ》むように食べる。それでも、納豆のヌルヌルでのどのすべりはよく、糸引き納豆にはたんぱく質やでんぷんを分解する消化酵素《こうそ》が豊富に含まれているので、よく嚙《か》まなくても胃腸への負担は少ない。

さらに、最近は糸引き納豆にいくつかの健康的機能があることも注目されている。血栓《けっせん》の予防に役立つナットウキナーゼ※や、血圧の上昇を抑《おさ》える酵素（アンジオテンシン変換阻《へんかんそ》害《がい》酵素）が含まれるほか、納豆菌は外来の病原菌をやっつける力も強い。

たとえば病原菌O－157が流行《はや》ったとき、私の研究室と発酵会社の研究所が共同で、実験用のシャーレの中で納豆菌と病原性の大腸菌を闘《たたか》わせる実験を試みたところ、なんと納豆菌が百戦百勝という結果になった。納豆菌の力はすごいのである。なお、納豆のあの特有のくさみの主成分はテトラメチルピラジンという物質で、納豆菌がつくる。

◆日本以外にもある納豆

糸引き納豆は日本以外にもある。基本的に、米作地帯で、大豆もつくっている地域なら、たいてい納豆がある。なぜなら、稲ワラには納豆菌が多いので、煮た大豆がその上にたまたま転がっているだけでも、納豆菌が繁殖して自然に納豆ができるからだ。

だから、米と大豆を食べている東アジアと東南アジアに行くと、街の市場でも田舎《いなか》の路上でも糸引き納豆をよく見かける。

中国では黄河《こうが》流域以南、とくに雲南省のプーラン族やミャオ族、広西壮族自治区のチュワン族の間で広く食べられていて、雲南省の市場では「豆鼓《トウチ》」または「豆司《トウチ》」の名で売られていた。中国では主に油で揚《あ》げて食べている。これはこれで香《こう》ばしくてうまい。

タイ北部からミャンマーのシャン高原にかけての地域には、煮た大豆を無塩下で数日間発酵させてから搗《つ》き砕《くだ》き、さらにそれを薄《うす》い円盤《えんばん》形に成形して乾燥《かんそう》させた保存食納豆「トゥア・ナオ」がある。油で揚げて食べたり、粉に砕いたものを調味料として使っていた。

ミャンマーには「トゥア・ナオ」以外にも、シャン州に行くと「ペーポー」という納豆もあった。このほか、ヒマラヤ山系の東部ネパールやブータン、インドのシッキム地方には「キネマ」、インド北方でミャンマー国境周辺のナーガーランド地方には「アクニ」という納豆がそれぞれある。

韓国《かんこく》の糸引き納豆は「チョンクッジャン」と呼ばれている。チョンクッジャンは、日本の糸引き納豆と同じく、煮た大豆を稲ワラで包んでつくられる。汁《しる》ものにして食べるのが一般的なようだ。

このように、海外では、日本のように糸引き納豆をごはんにかけて食べるといった食べ方はほとんどなく、たいてい野菜や肉、川魚などと共に加熱調理して食べられていた。これはいろいろ理由が考えられるが、ひとつは米の違《ちが》いがあるだろう。中国や東南アジアの米は粘り気のないインディカ米であるのに対し、日本の米は粘り気のあるジャポニカ米だ。

納豆の仲間たち
韓国
チョンクッジャン
スープにして
日本
糸引き納豆
ご飯にかけて
中国
豆鼓
油で揚げて
ミャンマー
トゥア・ナオ
調味料として

ジャポニカ米は、糸引き納豆のネバネバと非常に相性がいいのである。

糸引き納豆は食べる前によくかきまわして糸を多く引かせたほうがうまくなる。粘り気をより多く出すためには、醬油《しょうゆ》や薬味を入れる前にしっかり練ることがポイントだ。

※注　抗凝固薬《こうぎょうこやく》ワルファリンを服用中の方は、納豆の食べ方について主治医と要相談。

腐乳　くさい度数★★★★★以上

腐《くさ》った乳とはまた、じつにくさそうな名前である。名前を見ただけでいったいどんな食べものなのか、読者のみなさんもわくわくするだろう。

「腐った乳だからヨーグルトでは？」

そんな声も聞こえてきそうだが、残念ながらそうではない。腐乳《フウルウ》というのは、中国大陸や台湾《たいわん》でごく普通《ふつう》に食される豆腐《とうふ》の発酵食品である（ちなみにヨーグルトは中国語で「乳腐」と書く）。

◆発酵させると腐らない

豆腐はもともと腐りやすい食品だが、発酵させると腐らない。これも保存性を高める目的でつくられた珍品《ちんぴん》である。腐らないのに「腐」という字がついているのもおもしろいが、中国語で「腐」というのは「やわらかくてぶよぶよした固体」のことを指す。豆がぶよぶよしているから豆腐というわけだ。

豆腐の発祥地《はっしょうち》である中国にはさまざまな豆腐がある。そのなかでもユニークな存在なのが、この腐乳である。中国では腐乳を次のような手順でつくっていた。

まず、水分含量《がんりょう》の少ない硬《かた》めの豆腐をつくる。それを適当な大きさに切ってセイロ状の箱に入れ、稲ワラを敷《し》いた土間に積み重ねておく。1週間ほどして豆腐の表面にカビが生えてきたら、塩水（約20％）に漬《つ》けてカビを落とし、かめに入れて白酒《バイチュウ》をふりかける。あとは竹の皮と縄《なわ》でかめの蓋《ふた》を閉じ、泥《どろ》の中に埋《う》めて発酵・熟成させれば、1～2カ月でできあがりだ。

発酵中に豆腐に酸味がつくと同時に、チーズに似た猛烈に強い酪酸臭《らくさんしゅう》が付加される。初めてこの珍品豆腐に出合った人は、そのにおいを嗅《か》いだだけで鼻を押《お》さえて逃《に》げ出すことだろう。そのくらいくさい。

しかし、そのにおいに負けずに食べてみると、驚《おどろ》くほどマイルドでクリーミーな味わいに感動するはずだ。塩味も効いていて、コクもある。

◆東洋のチーズ

西洋では「東洋のチーズ」「チャイニーズチーズ」とも呼ばれているが、確かにカマンベールチーズと共通するにおいと舌ざわりをもっている。においに慣れてしまえば、あとはやみつきになること請《う》け合いである。

中国では、この腐乳を朝食の粥《かゆ》に添《そ》えて食べるのが一般的《いっぱんてき》である。粥と別々に食べるとおかずになるし、粥の中へ入れれば調味料になる。そのほか、ペースト状にして鍋《なべ》ものに入れたり、炒《いた》めものに加えてもうまい。発酵による特有のくささとコクのある味は、中華《ちゅうか》料理にとてもよく合う。

和風に食べるなら、納豆と組み合わせて食べるのがおすすめだ。くさい仲とはよくいったもので、くさい者同士の組み合わせは、馴《な》れ合いの性《さが》により、見事に調和するのである。

臭豆腐　くさい度数★★★★★以上

いよいよ、この本のためにあるような名前の豆腐を紹介《しょうかい》しよう。その名もズバリ「臭豆《チイトウ》腐《フウ》」である。字を見ただけで、食べる前からくさいことは明らかである。

腐乳《フウルウ》や血豆腐もくさいが、豆腐の上に「臭」の文字を冠《かん》するこの臭豆腐は、他の豆腐の追随《ついずい》を許さないばかりか、多くの発酵食品の中でもベスト5に入るほど猛烈なくさみをもっている鼻曲がらせの食べものである。とにかく驚異的《きょういてき》なくさみをもっていて、たとえるなら、くさやとフナ鮓《ずし》、ギンナンを踏《ふ》みつぶしたものに、再びくさやの漬け汁をかけ、そこに肥溜《こえだめ》とウンチのにおいを混ぜたような壮絶《そうぜつ》なにおいである。ひどいたとえようだが、くさいもの好きの私にとっては最大の褒《ほ》め言葉なのである。

◆発酵菌の繁殖合戦

臭豆腐は、中国大陸の浙江《せっこう》省や福建《ふっけん》省、さらに台湾などで食べられている発酵豆腐の一種で、そのつくり方は、同じ発酵豆腐の腐乳（78ページ）に似ているが、臭豆腐の場合は、納豆菌と酪酸菌で発酵させたものをさらにもう一度、発酵している塩汁の中に漬けて発酵・熟成させるものと、酪酸菌や乳酸菌、納豆菌、プロピオン酸菌などで、強烈《きょうれつ》なにおいをもつ漬け汁を発酵させておき、その発酵汁の中に豆腐を漬けるタイプのものの2種がある。漬け汁の中では、食塩の存在下で発酵菌がひしめき合いながら繁殖合戦を繰《く》り広げているため、それが猛烈なくさみを生みだすのである。その猛烈なくさい汁に漬けるのだから、凄《すさ》まじいにおいの豆腐ができあがるのは当然の結果で、1年間漬けると、それはそれは激烈《げきれつ》なくささになる。

私がこの臭豆腐を初めて食べたのは、ずいぶん前のことだ。台湾の台南市《たいなんし》へ行ったとき、タクシーの運転手さんに臭豆腐を食べたいと話したら、民族路に最高にうまい専門店があるといって連れて行ってくれたのである。台南市の西門円環《せいもんえんかん》の角から約900メートルにわたる民族路の両側には、夜になると100店を超《こ》える屋台が出て、その中に数軒《けん》の臭豆腐店があった。

タクシーがその周辺に着き、降りようとすると、なんともいえないにおいが漂《ただよ》ってきた。「くさいねえ」と運転手さんにいうと、ここの臭豆腐は大陸のものよりくさみが強く、風上に臭豆腐屋があると、風下の人はいたたまれないほどだという。地元の人でも食べられない人がいると聞いて、私の期待が最高潮に達したのはいうまでもない。

◆発酵マジック?!

目的の店へ入ると、ウワサに違《たが》わぬ強烈なくさみがたちこめていた。おすすめの料理を頼《たの》むと、4センチ角くらいに切ったものを油で揚げて出してくれた。熱々のその臭豆腐に芥子《からし》醤油をつけ、ふーふーしながら口に入れてみる。すると思わず「えっ」と声が出た。店内に漂う悪臭がウソのように、揚げた臭豆腐は食欲をそそる肉感的で香ばしいにおいに大変身していたのである。しかも、じつに美味である。私はちょっと拍子抜《ひょうしぬ》けしてしまったが、そのうまさを堪能《たんのう》したことを覚えている。まさに野獣《やじゅう》が美女に、地獄《じごく》が天国に大変身したかのようなものであった。どうしてあのくさみが一瞬《いっしゅん》にして食欲をそそるにおいに変わったのか。じつはそれが発酵のマジックなのである。とにもかくにも、とても不思議な体験だった。

中国では、あえてくさい臭豆腐をそのまま酒の肴《さかな》にする好事家《こうずか》もいるようだ。これはくさや好きの私にはよくわかる。逆に意外だったのは、最も一般的な食べ方が、朝食の粥のおかずにするということだった。朝からこんなくさいものを食べるのは不思議な気がしたが、しかし、粥の上にこの臭豆腐の小片《しょうへん》をのせ、少しずつ箸でちぎって粥とともに食べると、うまみはもとより、食べ慣れてくるとそのにおいで食欲が湧《わ》き立ってくるのだろう。

◆最高の滋養食

臭豆腐は、発酵菌のつくり出すビタミンB群（B_1、B_2、B_6、パントテン酸、ニコチン酸など）をバランスよく含み、また肝臓《かんぞう》強化や疲労《ひろう》回復に役立つ各種の活性ペプチドも含んでいる。だから、夏バテや体調不良で食の進まないときは、臭豆腐入りの粥は最高の滋養《じよう》食となるのは間違《まちが》いない。

これも試しに納豆と和《あ》えて食べてみたら、やはりうまかった。臭豆腐と納豆はどちらも大豆発酵食品だから、相性は抜群《ばつぐん》で、お互《たが》いのくささが見事に融合《ゆうごう》してすばらしいくさみをもった酒の肴となる。ただし、この肴は、よほどあの手のにおいに傾倒《けいとう》している者でないと受容不可能であることを申し添えておく。

第5章

野菜類

ギンナン　くさい度数★★★

★★（殻付き）、★（殻無し）

これまで文中で何度も「ギンナンを踏《ふ》みつけたときのようなにおい」という表現を使ってきた。猛烈《もうれつ》にくさいときに、私がよく使う比喩《ひゆ》である。子どもの頃《ころ》、遊んでいる最中に誤って何度も踏みつけ、ウンチのようなひどいにおいに辟易《へきえき》した記憶が未《いま》だ強く残っているのである。つまり、踏みつぶしたギンナンは、トラウマになるほどくさいのだ。

　都会の街中でも、ときおりそのにおいに遭遇《そうぐう》することがある。ギンナンは、ご存じのようにイチョウの種子だが、イチョウを街路樹にしているようなところでは、ギンナンが落ちる晩秋になると、通りゆく人びとがうっかりギンナンを踏んでしまう、といった「事故」がしばしば起こる。踏んだ人の悲劇はもちろんだが、踏んでつぶれたギンナンのにおいは、その後、辺り一帯に漂《ただよ》うことになる。

◆においの正体

ギンナンのにおいの本体は、酪酸《らくさん》、カプロン酸や吉草酸《きっそうさん》という成分で、ギンナンの外側の果肉状の皮（種漿《しゅしょう》肉部）に存在している。そのため、踏みつぶすとこの皮が破れて悪《あく》臭《しゅう》成分がどっと放たれるわけである。

だから、果肉状の皮を取り除けばにおいはなくなるわけだが、皮をむくときににおいと格闘《かくとう》しなければならない。皮膚《ひふ》についたらカブれてしまうこともある。先人たちも苦労したに違《ちが》いない。しかし、人類の「食べたい」という欲求は、すばらしい知恵《ちえ》を生み出すのである。いつの時代からか、ギンナンを土に埋《う》めておくと皮が自然に剥落《はくらく》し、皮が剥《は》がれやすくなることを発見したのである。

なぜ土に埋めておくと皮が剥がれやすくなるかというと、土の中の微《び》生物《せいぶつ》が皮の組織を破壊《はかい》してくれるのだ。とはいえ、掘《ほ》り出すときのにおいは覚悟《かくご》しなければならない。皮がむけるとラグビーボール形の白果が現れる。これを水で洗い上げて乾燥《かんそう》、貯蔵し、食用とするのである。

◆種子の王者

食べるときは殻《から》に傷をつけてから焙烙《ほうろく》または金網《かなあみ》で煎《い》り、硬《かた》い殻を叩《たた》き割って中身（仁）を出し、薄《うす》い渋皮《しぶかわ》を除いて料理の材料とする。最も素朴《そぼく》でうまい食べ方は、塩をまぶしての串《くし》焼きで、その味は種子の王者といってよい。寄せ鍋《なべ》や茶碗《ちゃわん》蒸し、土瓶《どびん》蒸し、かやく飯などに入れると、彩《いろど》りがきれいでモチモチした食感も愉しい。苦味と若干のにおいがまた、食味のアクセントになって嬉《うれ》しいのである。

ギンナンは、でんぷん質が豊富で、たんぱく質、脂質《ししつ》、レシチン、ビタミン、ミネラル、エルゴステリン（ビタミンD前駆体《ぜんくたい》）、なども含《ふく》まれていて、栄養豊富な種子である。

ニンニク　くさい度数★★★★★以上

ニンニクがくさいことは、すでに周知の事実だが、くさい食品の中でもニンニクが群を抜《ぬ》いてすごいのは、食べた人の息までくさくしてしまうところである。夕食で思いきり食べると、翌朝になってもくさい。食べた本人はケロリとしているが、周りは逃《に》げ出したくなるほどくさい。こんな食品はほかに思いつかない。少なくとも、植物系の食材の中で最もくさいのがニンニクといって過言でないだろう。

そんなくさいものが歴史的にずっと食用にされてきたのには、必ず理由がある。

ニンニクの場合は、第一に、料理の風味を高める素材としてなくてはならないものだったことが挙げられる。

ある有名な食の達人が、「ニンニクの臭気《しゅうき》が鼻につく人は、ニンニクのうまさを知らない人だ」といっていたが、私もそのとおりだと思う。ニンニク好きは、ニンニクを鼻にもっていく前に、口にもっていくからだ。

◆世界で愛されるニンニク

私はこれまで世界各地を回ってきたが、その過程でうまいニンニク料理にたくさん出合ってきた。韓国《かんこく》のキムチについては106ページで述べているとおりである。また、タイには「ナムプリック」というサラダがある。このサラダは、サンバルというタレを野菜につけて食べるのだが、そのタレがじつにくさくてすばらしかった。生ニンニクと生トウガラシに、蝦醬《カピ》、ナン・プラー（魚醬《ぎょしょう》）を混ぜ、すり鉢《ばち》ですってレモン汁《じる》と砂糖を加えてつくったタレなのである。しかも、野菜のほうにもサヤインゲンやホウレンソウなどに混じって、ニラなどのくさい野菜が入っている。これでもか、これでもか、というくらいギンギンに辛《から》くて、わんわんとくさくて、たまらなくうまい料理なのであった。

スペインでは、ビトリアという街の居酒屋で、スペイン産のワインの肴に「ニンニク漬《づ》け豚《ぶた》の腰《こし》肉の焼き肉」をしこたま食べた。できるだけ多くつぶしたニンニクに、乾燥したオレガノ（シソ科の香味《こうみ》草）を細かく砕《くだ》いて大さじ2杯くらい加え、そこに挽《ひ》いた黒コショウと塩も加え、水でひたひたにしてから豚の腰肉を漬け込《こ》み、一晩置いて焼いたものである。これとセットで、ニンニクをオリーブ油できつね色に焦《こ》がしたときの油を吸わせたミガス（パンくず）も出てきた。

私はこのニンニク尽《づ》くしの料理に大感激して、このときは料理人を呼んで握手《あくしゅ》までしてしまった。すると、その料理人が喜んでくれて、頼《たの》んでもいないのに奥《おく》から別の料理を出してくれたのである。それはパプリカとガーリック入りのポーク・ソーセージ「チョリソ」だった。料理人いわく「そんなにガーリック好きなら、自慢《じまん》のこのソーセージも食べてくれい！」とのこと。腸詰《ちょうづ》めの豚肉の中にニンニクがふんだんに入っていて、徹底的《てっていてき》にニンニクの味とくさみが前面に出て、そこに豚肉のうまみと脂身《あぶらみ》のコク味が相乗するものだから、もうたまらないうまさだった。

◆感激のガーリックバター

フィンランドの首都ヘルシンキのホテルで夕食をとっていたときは、もっとシンプルなニンニクに感激した。夕食のメインディッシュは淡水魚《たんすいぎょ》のクリーム煮《に》だったのだが、私が気に入ったのはパンにつけるガーリックバターであった。バターの塩味とコク味の中に、ガーリックの風味がうまく溶《と》け込んで、じつにうまかった。淡水魚などそっちのけで、そのバターをつけたパンを肴にワインを飲んだのを思い出す。

ニンニクバターは自分でもよくつくる。ちょっと焦がして香ばしいにおいが立ち上るニンニクバターを、カリカリに焼き上げた香ばしいパンにのせて食べるのだ。バターとニンニクとパンの3つの香ばしさが一体となったとき、鼻は蠢《うごめ》き、口の中はふわふわとほつれるほどになる。とにかくニンニクは、どんなときも食欲を奮い立たせてくれる魔法《まほう》のにおいなのである。

◆カツオとニンニク

このように世界にはうまいニンニク料理がたくさんある。もちろん、日本だって負けてはいない。

福島県・小名浜《おなはま》港の近くにある宿で、魚屋の主人がもってきてくれたカツオの刺身《さしみ》がすばらしかった。食べる前に、一見しただけで、口からよだれがタラリハラリと出てきたほどである。なにしろ、大きな皿の上に、新鮮《しんせん》なカツオの刺身がきれいに並べられ、そこにニンニクのスライスが何百枚とかぶせてあったのだ。私は狂喜《きょうき》しながら、カツオの刺身とニンニクを次から次へ口に頰張《ほおば》ったのはいうまでもない。刺身にしても、たたきにしても、生ガツオとくれば大量のニンニクである。ショウガなんぞではまったくの力不足であって、なんといってもニンニクに限る。

土佐のカツオのたたきも同じで、カツオが旬《しゅん》のときは、他者への迷惑《めいわく》を顧《かえり》みず、思う存分、たっぷりのニンニクをカツオと一緒《いっしょ》に口の中へ放り込む。すると、口から食道、胃袋まで、すべてがニンニクの臭気で飽和《ほうわ》状態となり、心の底から幸せを感じる。たまにはそんな日があっても許されるだろう。

◆薬としてのニンニク

昔の日本では、ニクニクは薬味というより、民間薬として使われることが多かったようだ。切り傷におろしたニンニクをつけたり、風邪《かぜ》をひいたときに焼きニンニクを食べて発汗《はっかん》を促《うなが》したり、あるいは土用の入りにニンニクと赤豆粒（あずき）を生のまま水で飲めば疫病《えきびょう》をまぬがれるという言い伝えや、農家の門戸にニンニクを丸ごと吊《つ》るし、疫病や魔除《まよ》けとする風習もあった。いずれも、どこまで効果があったかは知れないが、ニンニクが特別な食品として扱《あつか》われていたことがうかがえる。

ニンニクは強精剤《きょうせいざい》としてもよく知られている。これはまんざら科学的根拠《こんきょ》がないわけではない。ネギ類は一般に含硫化合物《がんりゅうかごうぶつ》と含燐化合物《がんりんかごうぶつ》がたいそう多く含まれていて、これらの成分は心身の活力を高めるうえで役立つことがわかっているからだ。

その証拠《しょうこ》となるかどうか、中国の新疆《しんきょう》ウイグル自治区やタジキスタン、キルギスタンあたりの乾物屋へ行くと、カリカリに乾燥させたニンニクが、必ずといっていいほど店先の強壮品《きょうそうひん》コーナーにぶら下がっている。そこにはニンニクのほかに、ヘビやトカゲの乾物も一緒に売られていて、店の主人がいうには「乾燥ニンニクと乾燥ヘビと乾燥トカゲを粉末にして混ぜ合わせて飲むと、たちどころに元気が出てくるぞ」とのことだった。

最後に、ニンニクが主役の簡単レシピをひとつ伝授しよう。フライパンにバター（大さじ1杯）をのせ、バターがジュクジュクと溶け出したら、ニンニクの粒《つぶ》（薄皮をはいだ白い小片《しょうへん》）を20個ほど入れて、表面がうっすらと焦げ始めるまで加熱する。そこにアサリのむき身を加えてさらに炒《いた》め、フライパンから引きあげる直前に、塩、コショウで好みの味にし、そこに刻みパセリをふりかければできあがりだ。ニンニクの甘味《あまみ》とくさみ、アサリの濃厚《のうこう》なうまみがとてもよく合って、味わい豊かな逸品《いっぴん》となる。

ギョウジャニンニク　くさい度数★★★★★以上

ギョウジャニンニクはユリ科の多年草で、北海道や東北地方、長野県あたりの味覚のひとつである。北海道ではアイヌネギとも呼ばれている。収穫《しゅうかく》できるまで生育するのに数年かかり、乱獲《らんかく》する人もいるため、野生のものは幻《まぼろし》となりつつある。市場に出回っているのは栽培《さいばい》したものが大半だが、野生のものと比べたらくさみとうまみが断然低い。

それにしても、ギョウジャニンニクとは、意味ありげな名前だ。由来としては、北海道と東北以外ではもっぱら高山でしか生育しないため、深山で修行する者、すなわち山岳信《さんがくしん》仰《こう》の行者《ぎょうじゃ》が荒行《あらぎょう》に耐《た》えるために食用にしたという説と、逆に、行者が食べて滋養《じよう》がつきすぎると修行《しゅぎょう》のさまたげになるので食べるのを禁じられたという、2つの説があるらしい。いずれにしても、ギョウジャニンニクを食べると精がつくことを示しているのは共通している。

◆味は上品

くさみは、ニンニクと同じタイプだが、ギョウジャニンニクのほうが2倍くらいくさい。葉を少しもんだだけでニンニク臭が出てくるし、鱗茎《りんけい》にも強いにおいがある。一方で、味はとても上品で、とくに調理したあとの甘味の広がりはすばらしい。

肉厚の葉は、醤油《しょうゆ》漬けのほか、さっとゆでておひたしにしたり、ギョウザに入れたり、和《あ》えもの、酢《す》のもののほか、生のまま汁《しる》の実にしても美味である、鱗茎は生のまま味噌《みそ》をつけてかじるのが最高で、花の終わったあとと若芽のうちが充実《じゅうじつ》していてうまい。

ギョウジャニンニクは、醤油と非常に相性がいい。北海道の知人が毎年カツオの旬に合わせてギョウジャニンニクを送ってくれるので、私はそれをいきなり醤油に漬け込み、4～5日過ぎてからそのギョウジャニンニクをカツオの刺身に巻くようにして食べるのである。これは、いわばカツオの刺身の殿様《とのさま》喰《ぐ》いで、その味わいといったら、まことに容易ならぬすばらしさがある。

ニラ　くさい度数★★★★

ニラは、俗に「にぎりべ」とも呼ばれる。にぎりべとは、「握り屁」のことで、子どもの頃、自分のおならを手のひらで受け、友だちの鼻に近づけて遊んだ経験のある人は少なくないだろう。あれが握り屁である。そのくらい、ニラはただならぬくささをもっているということだ。

においの強さは閾値《いきち》という値で表現するが、ニラのにおいに多く存在するメチルメルカプタンの閾値は０・００２ｐｐｍで、これは気の遠くなるような微量《びりょう》でも、強いにおいを発散させることを意味する。

◆肉類のくさみ消しに最適

しかし、くさいからこそニラの価値がある。特有のくさみは、肉類の獣臭《けものしゅう》を消すのに非常に有効である。その代表料理が「ニラレバ炒め」だ。試しに長ネギやワケギでレバーを炒めてみるとよくわかるが、レバーのしつこい獣臭は消えない。これがニラだと自然に消える。しかも、ニラとレバーを炒めることで、ニラのくさみの中に秘められた甘味とにおいが功を奏し、おいしい料理に生まれ変わるのである。ニラとレバーの組み合わせは永遠に不滅《ふめつ》のコンビだ。

このほか、ギョウザ、春巻き、キムチ、チヂミなど、中国料理や韓国料理にも欠かせない野菜である。

日本料理では、卵とじや卵でとじたすまし汁、白魚とのすまし汁などがうまい。ニラのくさみを生かした料理なら、土鍋を用いてダシ汁で粥《かゆ》をつくり、ニラをたっぷり入れた「ニラ粥」が最高だ。

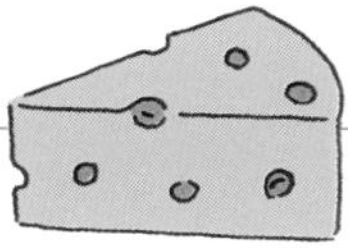

第6章

チーズ類

スティルトン

くさい度数★★★★★

イギリス産のスティルトンは、後で紹介《しょうかい》するゴルゴンゾーラ、ロックフォールと並んで、世界三大ブルーチーズのひとつである。

牛乳を乳酸菌《にゅうさんきん》で発酵《はっこう》させたあと、青カビ（ペニシリウム・ロックフォルティ）で熟成させて仕上げるのが特徴《とくちょう》で、青カビを混ぜることにより、チーズの内部から熟成が進んで、独特の風味がつくられる。すなわち、青カビが牛乳に含《ふく》まれるたんぱく質を分解し、うまみ成分（アミノ酸）をつくり出して熟成を進めていく一方、青カビは乳脂肪《にゅうしぼう》も分解し、特有のにおいを生み出すのである。

スティルトンという名称は、ＥＵの規定（原産地名称保護制度＝ＰＤＯ）に則《のっと》った地域と製造法でつくられたものにしか使用することはできず、現在はイギリス３県にある６社の製造所でつくられているだけである。

◆食べられるカビ

ブルーチーズの中ではわりとマイルドな味わいだが、口に入れるとねっとりした食感があり、舌をピリピリと刺《さ》すような刺激《しげき》のあと、深いコクが湧《わ》き出てくる。そして、においがなにしろ強烈《きょうれつ》で、あの手のにおいのチーズの代表格のひとつである。

しかも、青カビがマーブル状に混ざった外見は、このチーズが好きな人たちには美しく見えるが、苦手な人間にとってはグロテスク以外の何ものでもないだろう。もちろん、この青カビは体に害はないのだが、好き嫌《きら》いがはっきり分かれる食べものである。

とくに歴史的に乳製品を食べる習慣のなかった日本では、かつてこのようなチーズを食べるのはよほどの好事家《こうずか》くらいであったが、最近はワインブームも手伝って積極的に愉《たの》しむ人が増えている。

一方、スティルトンの原産地のイギリスでは、エリザベス女王も毎日食べているという国民的チーズで、クリスマスにはスティルトンにポートワインを合わせるのが定番だという。

青カビを使わないフレッシュタイプのホワイト・スティルトンもある。

ゴルゴンゾーラ　くさい度数★★★★

ゴルゴンゾーラは、イタリア産のブルーチーズで、スティルトンと同様に牛乳を発酵させたあと、青カビ（ペニシリウム・ロックフォルティ）を加え、それを熟成させてつくられる。

ゴルゴンゾーラという名は、1000年ほど前、牛追い人が夏のアルプスで放牧していた牛の群れを移動させる途中《とちゅう》で、イタリア北部のゴルゴンゾーラ村に立ち寄った際、その牛の乳でつくったチーズがやわらかくておいしいと村で評判になったことに由来するといわれている。現在このチーズは、イタリアの原産地名称保護制度（DOP）に則って、法律的に生産地が限定されている。

ブルーチーズの中では、ゴルゴンゾーラは青カビの風味がわりとマイルドで食べやすい。とくに「ドルチェ（甘い）」と呼ばれるタイプのゴルゴンゾーラは、青カビや塩分が少なくてほのかな甘味《あまみ》をもち、しっとりとクリーミーなので、青カビタイプのチーズを初めて食べる人にはおすすめだ。

一方、「ピッカンテ（辛《から》い）」と呼ばれるタイプのゴルゴンゾーラは、青カビがびっしりと入っているため、青カビ臭《しゅう》が強く、口に入れると舌を刺すようなカビの刺激を感じる。辛味が強いことから、パスタやリゾット、ピザといった料理に香辛料《こうしんりょう》として使われることが多いが、その青カビの風味と辛味にとらわれて、やみつきになる人も少なくない。

ロックフォール　くさい度数★★★★

世界三大ブルーチーズの3つめは、フランス産のロックフォールである。三大ブルーチーズの中で、唯一《ゆいいつ》、ヒツジの乳を原料としているのが特徴で、堂々たる存在感と伝統、そして完成度の高さからブルーチーズの王様といわれている。

歴史が古く、昔からフランスのロックフォール村にある岩山の洞窟《どうくつ》の中で、そこに存在する青カビ（ペニシリウム・ロックフォルティ）を使って熟成されてきた。現在もこの洞窟で熟成され、規定どおりの製造法でつくられたものだけが、ロックフォールを名乗ることができる（フランスの原産地統制呼称の指定＝ＡＯＣ）。

濃厚《のうこう》で深いコクがあり、白い地肌《じはだ》の部分の食感はなめらかだが、青カビの部分はざらついた舌ざわりで、塩味がとても強く、鼻をつくにおいもかなり刺激的だ。においの元はもっぱら青カビが乳脂肪を分解することで生まれる特有のにおいで、原料のヒツジの乳のにおいを消し去るほど凄《すさ》まじく、「通好み」のチーズである。

いずれにしても、ブルーチーズの中でも非常にクセが強いため、初心者にはハードルが高いだろう。しかし、いろいろなブルーチーズを食べて、その風味に慣れていくうちに、ロックフォールの魅力《みりょく》に目覚める人も多い。いったんはまるとその風味のとりこになってしまうから不思議である。

エピキュアー　くさい度数★★★★★以上

チーズのくさいものランキングで、私がいつもトップに挙げるのが、ニュージーランド産のエピキュアーである。そのくささは、私がこれまで食べてきたさまざまな食品の中でも群を抜《ぬ》いていて、アラバスターというにおいの度合いを測定する機器を使った計測でも、科学的に裏付けられている。

アラバスターによるくさい食品ランキングは、18ページでも少し述べたが、あらためて紹介すると、第1位はシュール・ストレミング、第2位はホンオ・フェ、第3位はエピキュアーチーズ、第4位はキビヤック、第5位は焼きたてのくさや、第6位にフナ鮓《ずし》、第7位が納豆であった。

◆世界最強チーズの缶詰

つまり、エピキュアーは、くさやフナ鮓を超《こ》える、ベスト3に入るくさい食品なのである。1位のシュール・ストレミングと共通しているのは、缶《かん》の中で熟成させる点だ。シュール・ストレミングはニシンの缶詰《かんづめ》だが、エピキュアーはチーズの缶詰なのである。

シュール・ストレミングと同様、エピキュアーの入った缶詰も、乳酸菌の発酵によって生じた炭酸ガスや硫化《りゅうか》水素などの気体のためにまん丸く膨満《ぼうまん》し、一触即発《いっしょくそくはつ》の様相を呈《てい》している。実際に、缶を開けるとその瞬間《しゅんかん》、缶の中に充満《じゅうまん》していた猛烈《もうれつ》なにおいが一気にほとばしり出てきて、これをまともにくらえば思わず立ちくらみするほどだ。

とにかく、他のチーズにない特異なすごみのあるにおいをもっている。エピキュアーのにおいにいったん魅了《みりょう》されたら最後、ブルーチーズのにおいなんか屁《へ》みたいに感じて物足りなくなってしまう。味も酸味が強くてコクがあり、やみつきになること請《う》け合いである。

第7章

漬物類

タクアン漬け

くさい度数★★★★

タクアンのにおいは凄《すさ》まじい。昔、学校にもって行く弁当の中にタクアンが2～3切れ入っていたりすると、通学する汽車やバスの中でも、あの「屁《へ》」のようなにおいが周囲にただよって恥《は》ずかしい思いをしたものである。

タクアンのくさいにおいの正体は、本書で何度も紹介してきた硫化《りゅうか》硫黄《いおう》化合物軍団（硫化水素、メルカプタン類、ジスルフィッド類、ジメチルジスルフィッドなどの揮発性硫化硫黄）である。ダイコンはもともと含硫化合物が多く含《ふく》まれているため、糠漬《ぬかづ》けにすると、その発酵《はっこう》過程で揮発性硫黄化合物軍団となって飛散するから、あのような強いくさみとなる。揮発性硫黄化合物軍団は、人間の屁にも高濃度《こうのうど》で存在しているものだから、タクアンが屁のようなにおいがするのは当然なのだ。

以前、宮崎《みやざき》県の農村へ行ったとき、何千本、何万本というダイコンが縄《なわ》で吊《つ》るされ、日干しされている光景を目にしたことがある。地元の工場が、タクアン漬けをつくるために干しているとのことだったが、じつに圧巻だった。小さい頃《ころ》によく見た原風景を思い出し、感激しきりであった。

最近のタクアンは「塩押《お》し法」といって、日干しせずにつくるものが主流だが、やはり日干ししたダイコンでつくったタクアンのほうが絶品である。うまみやにおいはもちろんのこと、カリカリコリコリとした特有の歯ごたえがたまらない。近頃の日本人は咀嚼《そしゃく》力が低下したといわれているから、ぜひ干しダイコンのタクアンをもっと復活させて、大いにこれを食べ、顎《あご》の筋肉を鍛《きた》えて快活になっていただきたい。

タクアン漬けを使った私のおすすめレシピをひとつ紹介《しょうかい》しよう。まず古漬けのタクアンを厚めの輪切りにし、ゆでて塩気を抜《ぬ》く。このとき、古漬け本来の酸味を残すのがコツで、ゆで終わったら鍋《なべ》にとり、その上にチリメンジャコをまいて濃《こ》いめのダシで煮《に》上げ、小皿に盛って七味唐辛子《とうがらし》をかける。牧歌的な酒の肴《さかな》のできあがりである。

浅漬けが純粋無垢《じゅんすいむく》の少女だとすると、タクアンの古漬けは味が豊満で、円熟した色香《いろか》漂《ただよ》う熟女のようなものだ。

キムチ　くさい度数★★★★

キムチは朝鮮《ちょうせん》半島に古くから伝わる代表的な野菜の発酵食品である。日本では昭和50年代以降、キムチの消費が急速に伸《の》び、いまや漬物の中で最も人気のある商品となっている。漬物大国ニッポンとしてはちょっと複雑な思いだが、うまいものはうまい。とくに、白いごはんとの相性が抜群《ばつぐん》だから人気があるのも当然だ。糠漬けをくさいといって敬遠する若者でも、キムチのニオイは大歓迎《だいかんげい》のようで、喜んでパクパク食べている。

キムチのニオイは、香辛料《こうしんりょう》として使われるニンニク由来の成分が主体で、そこに発酵過程で生じる発酵臭《しゅう》が加わって形成される。

キムチといえばトウガラシの赤い色がすぐ頭に浮かぶが、じつはもともとキムチにはトウガラシは使われていなかった。塩味を基本として、ショウガ、サンショウ、タデ、ニンニクなどで味付けされていたのだ。それが17世紀後半頃、南米起源のトウガラシが朝鮮半島に伝わり、以来、キムチにトウガラシが使われるようになったといわれている。トウガラシの導入は、朝鮮半島の漬物文化に大変革をもたらした。これを機にキムチの種類はどんどん増え、食生活の中での漬物の存在が飛躍《ひやく》的に拡大したのである。

◆キムチの種類

現在、韓国《かんこく》には材料や製法の異なるキムチが１００種類以上存在するが、次の３つのタイプに大別できる。漬け汁の多い水キムチ（ムルキムチ）、ダイコンだけで漬けたカクトゥギ（ダイコンキムチ）、ハクサイだけで漬けたペチュキムチ（ハクサイキムチ）である。

ムルキムチは、ダイコンを短冊に切り、ハクサイも同じ大きさに切って、深漬けのように漬ける。カクトゥギは、ダイコンをサイコロ状に切って漬け込む。まな板の上でダイコンをサイコロ状に切るとき、「ガクトック、ガクトック」という音がするので、この名がついたといわれている。

そして、日本でもおなじみのペチュキムチは、ハクサイが出回る冬の時期に集中してつくられるので、トンチミ（冬漬け）ともいう。ハクサイを丸ごと漬け込むのが特徴《とくちょう》だ。

◆キムチのつくり方

以前、韓国の宮中飲食研究院院長の韓福麗《ハンボンニョ》さんに、本場宮廷《きゅうてい》のペチュキムチのつくり方を教えてもらったことがある。それは次のような手順だった。

ハクサイを縦に2つに割り、粗塩を溶《と》かした食塩水に40分から1時間ほど漬けたあと、葉を広げて塩をふり、重石《おもし》をして一晩漬ける。

次にヤンニョム（中に入れる具）づくりに着手する。3種類のトウガラシをブレンドし、水を少し加えてペースト状にしたものをダイコン（千切り）に混ぜ、その中へニンニクとショウガのすりおろし、アミの塩辛、小エビ（生）、カキ（生）、ニボシのエキスを加えて再び混ぜたあと、さらにカラシ菜（ざく切り）、セリ（ざく切り）、長ネギ（斜め薄《うす》切り）、ワケギ（4～5センチ）、ナシ（千切り）、砂糖を入れて混ぜ合わせる。

翌日、塩漬けしたハクサイを流水で2～3回洗って水をよくきり、その葉1枚1枚の間に、前記したヤンニョムをまんべんなく挟《はさ》んでいく。そして最後に外側の葉でくるむように包み、かめに入れる。このとき、残ったヤンニョムの汁《しる》もかめの中へ注ぎ込《こ》む。これが本漬けで、18℃のところに1日置いておくと発酵が進んでキムチのニオイがしてくる。2日目からは冷蔵庫で保存するとのことだった。

これはあくまで宮中料理としてのキムチのつくり方で、実際には家庭によって漬け込む材料や方法が異なり、それぞれに秘伝をもっている。一般的には最初にハクサイを縦4つ切りにする場合が多く、本漬けのときにも重石（材料野菜の半分程度の重さ）をする。また、ヤンニョムには、魚介《ぎょかい》ではタラ、イシモチ、トビウオ、アジ、コンブ、スルメ、ホタテ貝柱、アワビ、タコなど、果物ではリンゴ、ナツメなど、香辛料ではコショウ、サンショウなど、さまざまなものが使われる。調合の仕方も千差万別で、それがその家庭の隠《かく》し味となる。

本漬けをした翌日には、発酵によって野菜の青くささが消え、塩辛《しおから》の生ぐささも消えて食欲をそそる特有の香味《こうみ》に変化してくる。これはこれでうまいが、3日くらい置いたほうが酸味がのってうまみも増し、深い味わいを愉《たの》しめる。

◆おいしい食べ方

韓国では、キムチは食の中心的な存在となっている。日常の食事はもちろん、酒の席でも必ずキムチが出てくる。ごはんのおかず、茶うけ、酒の肴《さかな》など、それぞれの目的に合ったキムチをつくって、食をお膳立《ぜんだ》てするのである。また、さまざまな鍋料理に使われたり、肉と一緒《いっしょ》に炒《いた》めたり、野菜サラダのようにして食べることも多い。

キムチは、その漬け汁も重要な調味料となる。発酵の過程で生じた深みのある味とにおいが汁に溶け出ているから、料理の隠し味に使ったり、そのままスープにして飲んでもうまい。発酵の過程でできた乳酸により、口当たりはとてもさわやかで、それでいて深みのある味と香《かお》りを堪能《たんのう》できる。冷麺《れいめん》のスープにもよく使われている。

◆キムチがうまい理由

キムチがおいしいのは当たり前なのだ。漬け込んだ野菜からみずみずしいうまみが湧《わ》き出し、副原料の塩辛類がさらに深いうまみを醸《かも》し出し、さらにトウガラシやニンニク、ショウガといった香辛料が食欲をそそる辛味とにおいを付加する。そして、それらのうまみと風味をうまい具合に馴染《なじ》ませ、熟成してくれるのが、発酵のチカラである。

キムチは五感で味わうべし、と私は常々いっている。手で素材のよさを感じながら調理し、耳で材料を刻む音を聞き、目でその美しい色彩《しきさい》を見て、鼻で食欲をそそられ、口でうまみや歯ごたえを愉しむ。こんなぜいたくな食品はめったにあるものではない。

◆キムチの健康効果

キムチは食べてうまいだけでなく、体にもいい効果をもたらすといわれている。食欲増進や胃腸の消化を促《うなが》す効果は、誰《だれ》もが実感しているものではないだろうか。夏バテで食欲がないときでも、キムチをおかずに加えたり、キムチで味付けした料理をつくったりすると、不思議に食べられるものだ。キムチの適度な辛さと特有の発酵香によって食欲が奮い立つのである。私なんかキムチだけで、ごはん３杯くらい軽くいけてしまう。

このほか、キムチは野菜由来の食物繊維《せんい》も豊富である。食物繊維は便通をよくするとともに、脂肪《しぼう》の吸収を抑《おさ》えたり、コレステロールを減らす働きも期待できる。また、キムチづくりに使われる香辛料や魚醬《ぎょしょう》も、健康効果の高いものが揃《そろ》っている。トウガラシやニンニクはその代表だが、キムチを食べたときに体がぽかぽかと温まり、風邪《かぜ》をひきにくくなったり、疲《つか》れがやわらいだりするのは、それらの相乗効果と考えられる。トウガラシ由来のカプサイシンという成分は、体脂肪を減らすうえで役立つともいわれている。

さらに、キムチは発酵食品なので生きた乳酸菌《にゅうさんきん》もたくさん含まれている。乳酸菌は野菜のビタミンを増やすほか、人の腸の中に入ると悪玉菌を排除《はいじょ》して、免疫力《めんえきりょく》アップなど、腸から体を元気にしてくれる。

私自身、キムチを食べると、体が燃えて力がつくような気がして、日頃から大いに食べている。あのにおいを嗅《か》いだだけで食欲はもりもり増進し、体が何となくムズムズしてきて、やる気も出る。まだまだ解明されていない多くの機能性を秘めていると考えられる。おいしく食べながらパワーがついて健康になれるなんて、こんなに嬉《うれ》しいことはない。

◆キムチは韓国の文化である

私はこれまで幾度《いくど》となく韓国を訪れ、歴史と伝統に根づいたさまざまな食文化にふれてきた。

なかでも印象的なのは、どこへ行ってもキムチの出ない食卓はなく、キムチの材料は一年を通して市場にあふれていた。

とくにペチュキムチの主材料であるハクサイが収穫《しゅうかく》され、いよいよペチュキムチを漬ける時期が到来《とうらい》すると、韓国全土は「キムチ騒《さわ》がせ」といった状態に陥《おちい》る。大都市の路上はもちろん、地方の村々の路上に至るまでトウガラシやニンニクの青空市が立って大変な賑《にぎ》わいとなるのである。その光景はじつにダイナミックだ。大きな袋にぎっしり詰《つ》められたトウガラシやニンニクが何袋単位で動いていく。また、釜山《プサン》市や木浦《モッポ》市のような港町では、いたるところにドラム缶《かん》に仕込んだ小魚の魚醬や蝦醬《カビ》（アミ醬油）、イカの醬《ジャン》、殻《から》をむいた貝類の醬などが並べられ、どれも数十キロ単位で各地へどんどん出荷されていた。以前、木浦市や廣川《クァンチョン》市でその何種類かを味見させてもらったところ、きわめて塩の強いものであったが、うまみが飛び抜けて深く、ドラム缶によって味と香りがすべて異なっていた。どの魚醬を選ぶかはお好み次第というわけである。

韓国の人は1日平均200グラムのキムチを食べるといわれ、まさに国民食といった感がある。

◆韓国のキムチと日本のキムチは違う

ちなみに、韓国で食べられているキムチと、日本で市販《しはん》されているキムチでは、風味に大きな違《ちが》いがある。

韓国のキムチは塩分が少なくて酸味がしっかりついている。それもどぎつい辛さや酸《す》っぱさでなく、熟《う》れて角のとれたまろやかな辛さと酸味である。これに対して、日本製のキムチの多くはしょっぱさがまず舌を刺激《しげき》し、しつこくて品のないうまみがあって、酸味はあまり感じない。そして最大の違いはトウガラシの辛さだ。韓国のキムチは辛いというより、コクのあるうまみと辛さがじつに舌に心地いい。一方、日本のキムチの多くはただただ激辛なのである。

両者の違いは何に由来するのか。韓国でつくられている本物のキムチは、短期間で大量生産できるものではない。キムチをつくるのに何カ月も前から準備し、材料の野菜や香辛料、塩までも、各家庭でつくっていたりするのである。厳選した材料を秘伝の方法で漬け込み、そのあとも細心の注意を払《はら》いながら発酵状態を管理して、ていねいにつくり上げていく。キムチに対する愛情がハンパではないのだ。

ところが、日本では化学調味料や色素などを加えた、発酵をほとんどしていない即席《そくせき》の「キムチもどき」が多く出回っている。これでは本来のうまみや風味は生まれないし、前記した保健機能も期待できない。なにより、朝鮮半島の重要な食文化にもっと敬意を払って正しく伝えることが大切ではないだろうか。

なお、キムチは２０１３年12月に国連教育科学文化機構（ユネスコ）の無形文化遺産に登録されたので、日本ではいい加減なキムチはつくることはできなくなってくる。

おわりに

なぜくさい食べものが世の中にはたくさんあるのか？　この本を読んでその理由が分かっていただけたことと思う。ひとことで言えば、人間にとってくさい食べものが必要だから、ということになるだろう。

とはいえ、人類はなにもくささを求めてくさい食べものを生み出してきたわけではない。この本で紹介《しょうかい》した発酵《はっこう》食品は、発酵の過程で、強烈《きょうれつ》なにおいを放つプロピオン酸や吉草酸《きっそうさん》、酪酸《らくさん》などの代謝生産物を生み出したり、食材のたんぱく質を分解して、アンモニアや硫化《りゅうか》水素、メルカプタン類などのにおいのもとを生み出す。

それらの物質は、人間のおならやトイレ、足のにおいなどと成分が同じだから、当然くさいはずなのだけれど、作った目的はにおいの方にあるのではなく、食べものの味や栄養の方にある。

例えば新島《にいじま》特産のくさやは、塩の入手がむつかしい時代に、なんとかおいしい干物を作ろうとして、海水をその漬《つ》け汁《じる》に使い、その漬け汁を使い回した結果、奇跡《きせき》の発酵が起きて出来た食べものだし、北極近くで食されている強烈なキビヤックは、新鮮《しんせん》な野菜や果物が食べられない環境《かんきょう》の中、発酵によってビタミンを作り出すという人類の知恵《ちえ》から生まれた奇跡の食べものなのだ。

そう、くさい発酵食品は、制約のある暮らしの中、必要に迫《せま》られて生み出された、人類の知恵の結晶《けっしょう》なのである。発酵食品以外のくさい食べもの、例えばニンニクやニラなどの野菜類にしても、獣肉《じゅうにく》のくさみを消すためにそのにおいを応用したという、これまた人類の知恵から選ばれた食材といえるだろう。

あまりのにおいに尻込《しりご》みしてしまうものもあるけれど、食べず嫌《ぎら》いはもったいない！　ぜひこの本を読んだ諸君には、世界中の先人たちの知恵を実際に、その鼻と舌で感じていただきたい。一口食べれば、世界の見え方が、そしてにおいとの距離《きょり》感《かん》が、きっと変わるに違いない。

次に読んでほしい本

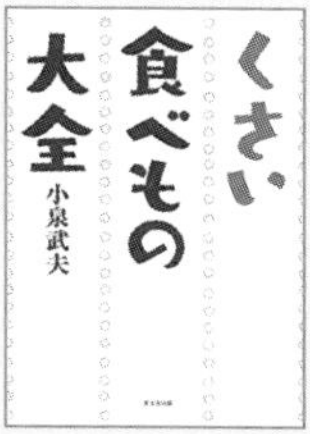

『くさい食べもの大全』
小泉武夫
東京堂出版、2015年

読者諸君が手に取っている「ちくまQブックス」のもとになった本。「大全」とあるとおり、私が出会った世界中のすべてのくさい食べもの、そして飲みものが紹介されている。中には昆虫《こんちゅう》から作る調味料など、におい以上に存在自体が強烈なものもあるので、気の弱い人は読むのに勇気がいるかもしれないが、この本を読み終わったころにはかなりのくさい食べもの通になっていることだろう。

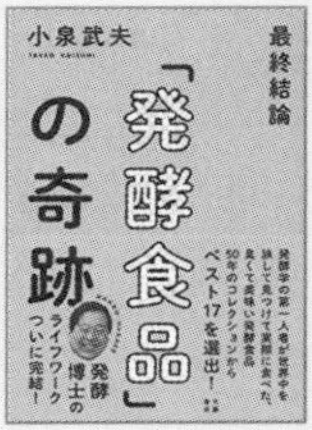

小泉武夫
『最終結論「発酵食品」の奇跡』
文藝春秋、2021年

私は発酵《はっこう》について多くの調査や研究を行ってきたが、そこには不思議な話や奇妙な現象、不可解な謎《なぞ》がつねに付きまとっていることに気づいた。そこで、その謎を解くために、国内外を問わず、せっせと発酵食品が作られる現場に足を運んできた。

この本には、そうして得られた知見が述べられている。発酵食品の奥深く、くさくておいしいエキスがたっぷり詰まっているので、この世界をさらに究《きわ》めようという諸君にはぜひ読んでほしい。ふだん目にすることのない世界のくさいたべものの写真もカラーで載せているので、目でも味わっていただけるだろう。

そうそう、発酵が活躍するのは、なにも食べものの世界だけではない。オシッコを発酵させて火薬を作るという話も紹介しているが、将来理系に進みたいと考えている人がいれば、その部分も読んでほしい。発酵は医薬品やエコなエネルギーの開発などにも、力を発揮するのである。

小泉武夫
『食いしん坊発明家』
新潮社、2020年

『鉄腕《てつわん》アトム』を読んで、ロボット少年アトムを発明した天馬博士やアトムを育てたお茶の水博士にあこがれた私は、子どもの頃、発明家を目指していた。結局、ロボットは作らなかったけれど、食べものに関する発明はかなりしてきた。

この本で紹介している、「ライスチーズ」や「エビラード」、「液体松茸《まつたけ》」など7つの発明は食品会社によって実際に商品化されている。

私の発明の原動力は食欲だけれど、みんなも何か好きなことを原動力にして、自然や社会を細かく観察していけば、自分にしか思いつかない、面白いことが見つかるかもしれない。

全てのものごとが発明の母になるのだから、日々いろいろな情報に触れるといい。先のエビラードは、海老《えび》の殻《から》をラードで揚げて、ラードに海老の風味を移したもの。今はこれを使ったスナック菓子が売られているが、エビラードは、落語の『鰻《うなぎ》のかぎ賃』が発想の原点にある。毎日毎日鰻屋の前で蒲焼《かばやき》のにおいをかいで、そのにおいでご飯を食べていた男が、ある日うなぎ屋からかぎ賃を請求されるというはなしだ（オチは実際に落語で聞いていただきたい)。だから、諸君も好奇心を持って毎日過ごせば、楽しいし、すごいことを発見できるかもしれませんぞ。

小泉武夫
『漬け物大全
――世界の発酵食品探訪記』
講談社学術文庫、2017年

こちらは私が出会った漬物のすべてを紹介したもの。

漬物とご飯と味噌《みそ》汁《しる》があれば、一食の食事が成立するように、われわれの食生活にとって漬物はなくてはならぬもの。日本ではおそらく縄文時代には作られていたという見方が大半だが、平安時代を経て室町時代に入ると、漬物の文化は一気に花開く。

漬けるものは野菜にとどまらず、本書でも紹介した魚や獣肉にまで及《およ》んだ。また漬け床も、糠《ぬか》、醤油《しょうゆ》、味噌、粕《かす》、酢など、多様化していく。この本では、この美味しくて保存がきく素晴らしい食べものと、われわれ日本人がともに歩んできた歴史を振り返るとともに、なぜ漬物ができるのかという漬物の科学についても論じている。

また日本だけではなく、お隣《とな》り韓国をはじめアフリカにいたるまで、世界中の漬物について紹介しているので、漬物の世界を深めたい読者には、ぜひ読んでもらいたい。

小泉武夫
『醤油・味噌・酢はすごい
――三大発酵調味料と日本人』
中公新書、2016年

どの家にでもあるだろう醤油・味噌・酢。当たり前の存在すぎて気づかないと思うが、実はこの3つの調味料はとんでもなく優秀なのである。いずれも発酵によって作られているので、それだけでどれだけすごいかは、ここまで読みすすめてきた読者なら想像がつくだろう。

ご飯に味噌をのせるだけでも、醤油をかけるだけでも美味しく食べられ、酢飯にするだけで食が進むというのは、この三大発酵調味料の味の優秀さを物語るが、栄養面や健康機能面もひじょうに優《すぐ》れている。

例えば味噌。多くの人はふだん何気なく味噌汁を飲んでいると思われるが、この味噌汁にはすごい栄養が詰まっているのだ。そのことをよく知っていたのが、戦国武将たちだった。

中でも武田信玄《たけだしんげん》や徳川家康《とくがわいえやす》は、進軍の際、近隣住民に味噌づくりを奨励《しょうれい》し、出来上がった味噌を買って確保しながら敵地へ赴《おもむ》いたほど。そして戦場では、干した野菜などを練りこんで固めた味噌をお湯に入れ、インスタント味噌汁をこしらえて栄養補給し、戦いにそなえていたのだ。読者諸君にも、出かける前の朝一杯の味噌汁をおすすめしたい。
この本には三大調味料の歴史、効能、作り方が、これ一冊でわかるように書いてある。

ちくまQブックス

井《い》出《で》留《る》美《み》

食品ロス問題ジャーナリスト

SDGs時代の食べ方
世界が飢えるのはなぜ？

日本では今この瞬間にも
食べものが捨てられている。
その量は国連の食糧支援の1.4倍。
SDGs時代にふさわしい食べ方で
社会を変えよう！

ちくまQブックス

小《お》貫《ぬき》篤《あつし》

筑波大学附属駒場中・高等学校教諭

法は君のためにある
みんなとうまく生きるには？

部活のスタメン争い、
文化祭での教室の取り合いなどなど、
トラブルはどう解決できるのか？
みんなとうまく生きるための法の世界に
一歩足を踏み入れてみよう。

ちくま
Q
ブックス

鎌《かま》田《た》浩《ひろ》毅《き》

火山学者・京都大学レジリエンス実践ユニット特任教授／名誉教授

100年無《む》敵《てき》の勉強法
何のために学ぶのか？

「誰にもじゃまされない人生」をつかむために、
「死んだ勉強」を「活きた勉強」に変えて、
ステキな自分をプロデュースする戦略を学ぼう。
人類の知的遺産は一度知ったらもう戻れない、
ワクワクする勉強のスゴさとは？

ちくまQブックス

稲《いな》垣《がき》栄《ひで》洋《ひろ》

植物学者・静岡大学農学部教授

植物たちの
フシギすぎる進化
木が草になったって本当？

生き残りをかけた、
植物の進化を見つめると、
「強さ」の基準や勝負の方法は
無限にあることがわかる。
勇気づけられる、植物たちの話。

小泉武夫

こいずみ・たけお

1943年、福島県の酒造家に生まれる。東京農業大学名誉教授。農学博士。専門は食文化論、発酵学、醸造学。現在、日本各地の大学の客員教授や、発酵食品ソムリエ講座・発酵の学校校長、特定非営利活動法人発酵文化推進機構理事長などを務める。『くさい食べもの大全』(東京堂出版)、『最終結論「発酵食品」の奇跡』(文藝春秋)、『食いしん坊発明家』(新潮社)、『漬け物大全』(講談社学術文庫)、『醤油・味噌・酢はすごい』(中公新書)など、単著だけで140冊を超える著書がある。

ちくまQブックス

世界一《せかいいち》くさい食《た》べもの

なぜ食《た》べられないような食《た》べものがあるのか?

2021年11月20日　初版第一刷発行

著　者　　小泉武夫
装　幀　　鈴木千佳子
発行者　　喜入冬子
発行所　　株式会社筑摩書房
　　　　　東京都台東区蔵前2-5-3　〒111-8755
　　　　　電話番号03-5687-2601(代表)
印刷・製本　中央精版印刷株式会社

ISBN978-4-480-25118-3　C0377